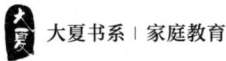 大夏书系 | 家庭教育

赋能青春期

—— 来自初中班主任的父母课程

钟 杰 ———— 著

华东师范大学出版社
·上海·

图书在版编目（CIP）数据

赋能青春期：来自初中班主任的父母课程 / 钟杰著.
上海：华东师范大学出版社，2024. — ISBN 978-7-5760-5296-1

I. G782

中国国家版本馆 CIP 数据核字第 2024C8M279 号

大夏书系 | 家庭教育

赋能青春期——来自初中班主任的父母课程

著　　者	钟　杰
责任编辑	程晓云
责任校对	杨　坤
封面设计	淡晓库

出版发行	华东师范大学出版社
社　　址	上海市中山北路 3663 号　邮编 200062
网　　址	www.ecnupress.com.cn
电　　话	021-60821666　行政传真 021-62572105
客服电话	021-62865537
邮购电话	021-62869887
地　　址	上海市中山北路 3663 号华东师范大学校内先锋路口
网　　店	http://hdsdcbs.tmall.com/

印 刷 者	北京季蜂印刷有限公司
开　　本	700×1000　16 开
印　　张	14
字　　数	195 千字
版　　次	2024 年 11 月第一版
印　　次	2024 年 11 月第一次
印　　数	5 100
书　　号	ISBN 978-7-5760-5296-1
定　　价	62.00 元

出 版 人　　王　焰

（如发现本版图书有印订质量问题，请寄回本社市场部调换或电话 021-62865537 联系）

目 录
contents

序言　父母要主动成为孩子生命中的贵人　/001

第一辑
青春期父母自省课程：有反思才能有进步

1. 父母要与时俱进　/003
2. 一个没有自我的妈妈会面临什么样的尴尬　/005
3. 性格急躁的父母会给孩子的成长带来哪些副作用　/008
4. "毒舌"父母会养出什么样的孩子　/011
5. 总是当着外人面揭孩子的短会给孩子造成什么样的伤害　/014
6. 贪玩父母容易培养出情感匮乏的孩子　/017
7. 暴力养育很容易养出病态人格的孩子　/020
8. 父母言行不一容易激发孩子的叛逆　/023
9. 父母喜欢抱怨对孩子至少有三大危害　/025
10. 父母随意窥探孩子隐私容易造成两败俱伤　/028
11. 青春期男生怎么了　/030
12. 为什么你的孩子成不了"别人家的孩子"　/033
13. 父母不懂事，孩子究竟有多难受　/036
14. 性格懦弱的孩子是如何养育出来的　/039
15. 父母言行粗俗会对孩子造成哪些隐性伤害　/042
16. 管教过于严苛会有哪些后遗症　/044

第二辑
青春期父母实践课程：有行动才能有效果

1. 父母怎么做，孩子"早恋"的可能性比较小 / 049
2. 父母怎么做，孩子才喜欢回家 / 053
3. 父母具备哪些素质，容易教出爱学习的孩子 / 056
4. 父母如何陪伴，孩子才领情 / 060
5. 孩子考试回家，父母怎么说孩子才听得进 / 064
6. 父母该如何为孩子挡"暗箭" / 067
7. 如何帮助孩子建立健康的朋友圈 / 070
8. 孩子不安分，父母该怎么办 / 073
9. 如何帮助孩子做出合情合理的选择 / 076
10. 如何才能培养出不令人讨厌的初中男生 / 079
11. 多子女家庭，如何才能养出手足情深的子女 / 082
12. 刻意为之的教育，孩子成长才有后劲 / 085
13. 父母如何激励孩子才有效 / 088
14. 怎样听孩子说话，孩子才愿意说 / 092
15. 父母如何表扬孩子才恰当 / 096
16. 高自尊的孩子是如何养出来的 / 100
17. 父母如何帮助孩子远离校园欺凌 / 104

第三辑
青春期父母备考课程：有准备才能打胜仗

1. 寒假返校前一周，父母可以为九年级备考生做些什么 /111
2. 开学之初，父母如何帮助孩子制订备考计划 /114
3. 住宿生周末回家，父母怎么做才能成为孩子的动力源 /117
4. 老师反映孩子课堂上总是睡觉怎么办 /121
5. 老师总是反映孩子不按时完成家庭作业怎么办 /125
6. 孩子觉得考不上理想学校，缺乏学习动力怎么办 /129
7. 备考阶段孩子复习不见效果怎么办 /133
8. 备考阶段孩子食欲不振怎么办 /137
9. 孩子回到家里总是离不开手机怎么办 /141
10. 孩子写作业特别磨蹭怎么办 /145
11. 孩子在学校的人际关系出了问题怎么办 /149
12. 孩子与父母的关系出现了问题怎么办 /153
13. 孩子出现了考前焦虑怎么办 /157
14. 孩子只重视文化学习不重视体育训练怎么办 /161
15. 孩子因谈恋爱影响了备考怎么办 /164
16. 孩子特别粗心大意怎么办 /168
17. 孩子回家总爱发脾气怎么办 /172

18. 孩子回家总爱抱怨怎么办 /176

19. 孩子复习出现了"高原反应"怎么办 /179

20. 孩子学得好考不好怎么办 /183

21. 备考阶段，孩子的心态总是稳不住怎么办 /187

22. 孩子一进房间就锁门怎么办 /191

23. 大考在即，孩子内心还在莫名其妙地躁动怎么办 /195

24. 考前一个月，家长需要做哪些准备 /199

25. 如何指导女孩避免生理期对学习的不良影响 /203

26. 如何指导孩子填报中考志愿 /205

27. 考试期间，父母需要为孩子做些什么 /210

序　言
父母要主动成为孩子生命中的贵人

有一段时间，我的学生特别喜欢问我一些问题。比如：同桌特别喜欢干扰我，怎么办？被同学造谣，怎么办？妈妈要生二胎，怎么办？爸妈特别喜欢吵架，怎么办？爸妈正在闹离婚，怎么办？

我接住这些"怎么办"，并给予了全面回答，学生笑称这是我送给他们的"智慧锦囊"。"智慧锦囊"送出六七十个之后，竟然结集出版了一本书，书名是《陪你走过初中三年》。

我笑着对学生说："我是一个把棒槌当针（真）的人，你们问我问题，我不推诿，不懈怠，认真对待，全面回答，无心插柳，竟然写成了一本超受欢迎的青春期学生读本。"

我的学生竟然不买账，纷纷说道："老师，您的任务还没有完成，您不能只送学生'智慧锦囊'，还要送家长'智慧锦囊'，只有家长变得更好，孩子才会越来越好。"

还有一个学生大声对我说："老师，我们特别希望父母能听到我们的心声，您能不能转达一下？"

究竟是父母不懂事，还是学生对父母要求过高，抑或是父母用心了，但是给出的并不是孩子想要的，导致孩子觉得父母不懂他们，阻碍了他们的健康成长？

我在学生中展开了调查，要求他们站在自身成长需求的角度，写出父母需要改进的方方面面，同时也写出父母的某些做法对他们的伤害。

不承想，学生的参与度极高。有学生对父母的不当行为进行了控诉，也有学生对父母的正确做法表达了真挚的感谢，更多的学生则是要求父母改变教育行为，甚至有一位学生写出了50多条其父母的不当教育行为。

我看后百感交集，深感作为一名初中班主任的重大责任。于是，我向学生表态："我不敢说改变你们的父母，因为他们的有些做法，在当下的你们看来可能不合适，但未来的你们并不会觉得不妥，我可以做且必须要做的，就是给你们的父母赋能，给他们创造一个做好父母的支持性平台，为你们创造一些建立双向奔赴的亲子关系的机会。"

就这样，我为青春期学生的父母开发了一套赋能课程，由此也成就了这本《赋能青春期——来自初中班主任的父母课程》的出版。

全书分为三辑，共60个课程。分别是：第一辑，青春期父母自省课程：有反思才能有进步；第二辑，青春期父母实践课程：有行动才能有效果；第三辑，青春期父母备考课程：有准备才能打胜仗。

第一辑共16个课程，关键词是"自省"，目的在于推动父母对自己的教育行为进行反思。有反思才有进步，父母不当的教育行为才会改变。我长期与青春期学生的父母打交道，他们总是向我抱怨孩子不听话，不爱学，不爱父母，气性大，很叛逆……我就会提醒他们，想一想：孩子为什么会有令你不满意的表现？自己的教育行为是否恰当？比如，你身为父母，性子特别急躁，会给孩子造成怎样的伤害？你说话特别"毒舌"，又会养出什么样的孩子？你总是当着外人的面揭孩子的短，会对孩子造成什么样的伤害？睿智的父母一点就通，立即就会反思并改变自己的不当行为，但也有不少父母认为自己无需改变，当然，也有愿意反思却不知从何反思的家长。于是我就开发了这16个课程，站在学生的立场，指导家长如何针对自己的教育行为进行积极反思。父母改变，孩子就改变了。

第二辑共17个课程，关键词是"实践"，目的在于推动家长正确行动。不少父母在养娃前或者养娃的过程中都储备了一定的育儿知识，可是他们很难把纸上学来的教育理念落实到行动中。比如，不少青春期学生的父母问我：孩子早恋怎么办？孩子放学后不爱回家怎么办？孩子不愿意向父母敞开心扉怎么办？孩子的朋友圈不健康怎么办？孩子的自尊感很低怎么办？孩子总是容易被同学霸凌怎么办？很多"怎么办"困扰着青春期学生的父母，让他们在教育孩子时一筹莫展。正在为青春期孩子成长焦头烂额的家长们，可以读读第二辑的17个课程，里面的每一条策略，我都征询过学生的意见，他们一致表示，如果父母能如此待他们，他们何苦与父母对着干呢？只需把自己变得更好，以报答父母的善待之恩。

第三辑共27个课程，关键词是"备考"，目的在于指导青春期学生的父母在孩子中高考前，成为孩子的前台策划、幕后军师，既是孩子生活的排忧解难者，也是孩子考试的最佳助力者。很多父母，在孩子中高考前，主观上都想成为孩子的助力者，客观上却成了孩子学习的阻碍者。我相信每位家长，都想孩子在选拔考试时胜出，但如果家长助力不当，就会成为阻力。我做了30多年班主任，陪伴了12届毕业班学生参加中考，有非常丰富的备考经验。我把这些经验分享出来，是希望每一位家长都能有针对性地帮助孩子备考，争取让孩子打赢人生的第一场仗。

老师当得太久，眼里就只剩下学生，心里就只有学生的前程。这本书里的内容，在我所执教的学生家长那里，一点都不陌生，他们早已经是这套课程的受益人，并且亲自验证，每一个操作方法都很有效。也正是家长们亲测有效，我才有底气把这套课程分享出来，希望这套青春期赋能课程能帮到渴望改善亲子关系、改变孩子不良行为的父母们。

是为序。

钟　杰

2024年7月于深圳

第一辑

青春期父母自省课程：
有反思才能有进步

1. 父母要与时俱进

我曾经在网上读到一篇小学生写的作文《我的妈妈》,他在文中写道:

我的妈妈不上班,平时就喜欢打牌和看电视剧,一边看还一边骂,有时候也跟着哭。她什么事也做不好,做的饭超级难吃,家里乱七八糟的,到处不干净。

她明明什么都做不好,一天到晚光知道玩儿,还天天喊累,说都是为了我。和我一起玩的同学,小青的妈妈会开车,小宇的妈妈会画画,瑶瑶的妈妈做的衣服可好看了。我都羡慕死了,可是她什么都不会。

我觉得,我的妈妈就是个没用的中年妇女。

无独有偶,有次我组织亲子活动,几位妈妈也遭到了儿子的实力吐槽。组织活动前,我发了邀请函,希望每个孩子至少有一位家长到现场陪伴。可是活动正式开始时,有三个男孩的家长不在其中。我问他们:"你们的家长为何没有参加活动?"三个男孩均说父母工作太忙,走不开,让他们自己跟着老师和同学玩。

听三个男孩说完,我心中有些许不满,暗自责怪三个男孩的父母错过了孩子的成长过程,对孩子不负责。事后,我私信家长,问他们为何没有来参加活动。三个男孩的父亲倒没说什么,母亲们则纷纷向我倒苦水,说她们不是不愿意参加亲子活动,而是很想去,并且早就做好了准备,零食买了几大包,鸡脚、鸡翅都做好了,没想到临出发时,孩子坚决不同意她们去。我对几位母亲的说辞表示怀疑，她们发誓一般地说道：老师，真没说假话，真是孩子不让我们去，说我们去了丢他们面子，还说，你去他就不去，他去你就不能去！

我听完就共情了，心里顿时生出一股拔刀相助的豪情。我找来三个男孩兴师问罪："她们是你们的妈妈，凭什么不让她们去？太过分了！"其中一个男孩胆子大，口齿也很伶俐，说道："老师，不是我不让我妈去，实在是她太拿不出手了，我脆弱的心灵受不住打击。"

我白了一眼说话的男孩，嗔怪道："别说这种忤逆的话，俗话说'儿不嫌母丑，狗不嫌家穷'，再不济，也是你的妈妈！"男孩辩解道："那她也得与时俱进啊，只要求我进步，她干吗不进步？第一，她说话总是非常大声，要是她去了亲子活动现场，肯定粗门大嗓，不停地说话，让我今后怎么面对同学们？第二，我妈不注意衣品，发个朋友圈除了晒吃喝就是晒无聊，没有一点有价值的内容，每次看她朋友圈，我都觉得很打脸。第三，我妈学历低又不去深造，天天围着我转，她心不累我还心累呢，我很担心她把我照顾得生活不能自理。第四，我与她分享一些新知识、新信息她就很抗拒，叫她读书就说头昏脑涨眼睛疼，然后还说一大通正确的废话，没完没了。"

这个男孩说完，其余两个男孩表示高度赞同，并说这番话引起了他们强烈的共鸣，还表示他们的母亲不与时俱进，他们跟母亲不在同一个频道，没法交流。

我与青春期孩子打了30多年交道，深知绝大多数孩子到了青春期就开始瞧不起自己的父母，尤其瞧不起自己的母亲，为何？因为他们觉得母亲拿不出手，没法在同伴那里获得优越感。

每次开家长会，那些谈吐得体、工作进取的家长最积极。是他们本身很积极吗？有一部分家长或许是出自本心，但多数还是因为这些家长的孩子有要求他们参会的强烈愿望——父母的优秀可以极大地满足孩子的虚荣心，为他们在同学那儿挣足面子。

为人父母者，须静坐时扪心自问：我每天都在成长吗？我在与时俱进吗？我是否被湮没在时代的洪流里了？请记住，不断追求进步和成长，才能给孩子树立好的榜样，才能有利于亲子间不断产生有价值的互动话题。

2. 一个没有自我的妈妈会面临什么样的尴尬

早读课上，孩子们都在大声读书，只有小雨一个人黑着脸，嘟着嘴，眼神游离。我能明显感受到她的负面情绪。

我问她："我惹到你了吗？"她板着脸摇头。我再问："同学惹到你了吗？"她仍然板着脸摇头。"那究竟谁惹到你了呢？"我追问。

"我妈妈！"小雨气冲冲地答道。我有些尴尬，欲转身远离这颗"炸弹"。谁知小雨竟哭兮兮地向我求助："老师，你找我妈妈谈谈吧，我实在受不了她了。她一天围着我转，把我照顾得生活都无法自理了，我窒息得都快得抑郁症了。"

说起小雨的妈妈，我倒是略知一二。自打小雨出生，她就全职在家。每天买买买、煮煮煮，几乎把小雨当成了生活的全部。

小雨的爸爸也劝说她，不要总待在家，只知道盯着自己的丈夫和女儿。原来，只要小雨和爸爸稍微回家晚一点，妈妈就会指责他们，说个没完。于是，小雨爸爸也找各种理由躲避老婆。小雨妈妈特别气愤："我把最好的年华都奉献给他了，现在他倒嫌弃我了？"

小雨说，妈妈的世界里只有她跟爸爸。爸爸还好，可以跟妈妈对吵，也可以找理由不回家，可她不行，她是女儿，不能跟为她付出一切的妈妈吵架，否则妈妈就会哭诉，说她这一辈子为了老公和女儿，工作没有，收入没有，辛辛苦苦地为家庭付出，还要看丈夫和女儿的脸色，活着还有什么意思？

小雨妈妈真的就那么不堪吗？

据我所知，小雨妈妈可是个治家能手，是典型的贤妻良母。

首先，小雨妈妈很爱她的家，爱丈夫，爱孩子，把自己的家打理得井井有条。

其次，小雨妈妈的厨艺非常精湛，会做各种糕点和小吃。

再次，小雨妈妈很节俭，自己穿得很朴素，可是老公和女儿的衣服一定要买高品质的。

还有一点，小雨妈妈对她的公婆也很好，节衣缩食都要保证公婆的生活质量。

按理说，这样一位品行贤良的女性应该赢得全家人的喜爱和敬重才对，为何还遭嫌弃？

我跟小雨的爸爸有过交集，他算得上是个通情达理的暖男。小雨也是个善解人意的女孩，虽然妈妈天天围着她转，但她还是很理解妈妈的良苦用心。那么，问题究竟出在哪里呢？

出在小雨妈妈这十几年都围着丈夫转，围着孩子转，转着转着，把自己给转没了！

没有自己的事业。没有事业就容易找不到价值感，容易没有自信，总担心遭到老公的鄙视、女儿的嫌弃，很怕失去，于是就把父女俩抓得很紧。

没有自己的存款。没有工作就没有收入，当一天"伸手族"还说得过去，当几年、几十年的"伸手族"，即便所有开支都是用于家庭，也是没有底气的。没有底气，当然就没有自信，脾气会变坏，心眼会变窄。

没有自己的爱好。每天买菜做饭、洗衣扫地，眼里心里都只有家人，哪里还有时间去培养个人爱好，更不要说读书、看报，提升认知水平，优化思维模式了。一个没有健康爱好的人很难拥有有趣的灵魂。

没有自己的时间。时间都去哪儿了？在丈夫和孩子身上。那么，丈夫和孩子会因为小雨妈妈把时间全部放在他们身上而感激涕零吗？小雨和小雨爸爸都向我抱怨过，说小雨妈妈的所作所为让他们感到窒息。小雨妈妈则向我抱怨，说无论她付出多少，丈夫视而不见，孩子视为多余，简直太伤心了。

一个女性，嫁人为妇，不论丈夫多么疼你，都不能为了丈夫丧失自我；生子为母，不论孩子多么需要你，同样不能没有自我。

爱自己，活出自己喜欢的样子，才是王道。

找份工作，然后用心干，干出成绩，找到自己的价值感。闲时读读书，养养花，做做烘焙，练练瑜伽，写点自娱自乐的小文章，把情绪和体重都管理起来。在丈夫和孩子面前，你就是一个有自我、有情趣的人，他们哪敢不爱你？

3. 性格急躁的父母会给孩子的成长带来哪些副作用

我每天上下班,都会碰到很多接送孩子的家长,其中妈妈居多,爷爷奶奶偶有,爸爸较少。我很少听到大人与小孩的互动交谈,偶尔有互动,一般都是大人在给小孩提要求,比如要听老师的话,要认真听课,要写好作业,要和小朋友搞好关系。家长对孩子的行为只有笼统要求,没有具体的方法指导,有些孩子会"嗯嗯"地回应,有些孩子则默不作声。也有一些家长在给孩子讲道理,讲得很在理,语重心长,情意绵绵,可是孩子似乎一个字也听不进,他们肆意地笑闹、跑跳,还用小手揪路旁的灌木枝。

别以为这个画面很温馨,画风马上就要转变了,好戏就要上场了。只听妈妈一声厉吼:"没听到吗?耳朵哪里去了?给我回来!"吼完,冲上去将孩子拽住,快速地拖回家。有些还会边走边骂,甚至动手推搡。这种情景我几乎每天都会看到,并且多数是妈妈在发火。

我自己的学生也会向我投诉他们的家长,其中提到最多的就是父母的脾气很急躁,让他们无所适从,想要为自己申辩一下,立马就被扣一顶"青春期叛逆"的帽子。

那些性子急躁的父母有没有想过,你那钢花直冒的性子对孩子的成长有很大的副作用?

(1)吓呆小孩子,惹毛大孩子。9岁以前的孩子,面对父母的急躁脾气是无能为力的。父母一发火,他们就噤若寒蝉,看起来乖巧懂事,其实心里已经种下"急躁脾气"的恶果。9岁以后,父母再因芝麻绿豆大的事发火,他们貌似无话可说,但心里却百般不服。当然,也有不少孩子会当面顶嘴,把父母气得张口结舌。过了12岁，孩子进入青春期，父母若是不问青红皂白就发火，他们一定会大声辩解，还会讲一堆道理，把父母说得哑口无言。

我以前有个男同事，是个火炮筒子。他儿子小的时候，不论怎么斥责，都不吭声。儿子进入青春期后，他还是不分场合地对孩子发无名火。我劝他收敛自己的暴脾气，他却说："没事，我那儿子从小就被我骂惯了、打怕了，谅他也不敢对我怎么样。"结果，九年级时，儿子终于伸出拳头跟父亲对打了，把父亲打倒在厕所里，直不起身来。好好的孩子，被自己的父亲逼得动手，情何以堪？

（2）听不到孩子的心声，觉察不到孩子的情绪。性子急的人，说话快，做事也快，只重视自己的感受，很难坐下来耐着性子听孩子说话，甚至孩子主动跟他说话都懒得理。既不好好和孩子说话，又不愿意听孩子说话，怎么能听到孩子的心声呢？听不到孩子的心声，当然无法觉察到孩子的情绪，亲子关系的沟通渠道就堵死了。

（3）嘴巴比脑子快，没有分寸感。性子急的人嘴巴比脑子快，脑子里的语言还没组织严密，嘴上已经把不该说的话说了出来。这样说出来的话很容易失去分寸感，要么给孩子贴标签，要么道德绑架，要么揭人痛处……总之，不把孩子贬损得无地自容誓不罢休。而且，这些父母一时情急，说了错话还意识不到问题的严重性，觉得自己不过就是性子急，说话重，没什么了不起，更谈不上诚恳地给孩子道歉。

（4）给孩子做了坏榜样。我们常说父母是复印机，孩子是复制品，父母怎样，孩子就怎样。脾气急躁的父母很难养出性子温和的孩子，因为父母的一举一动都会被孩子摄取下来成为他们学习的教材。根据我教书30多年的经验，每一个坏脾气的孩子背后往往都有一个暴脾气的家长。

有些孩子在外人面前特别隐忍，看起来性格很平和，但在家人面前却像个炸药包，一触即发。这些孩子的家里通常也有一个强势且脾气很急躁的家长。

既然我们都知道脾气急躁会给孩子的成长带来很多副作用，那怎么去纠正呢？纠正确实很难，但只要愿意就一定能做到。之所以这么说，是因为我以前就是一个急性子，经过自我改造，现在已经变为"温和派"了。

（1）提醒法。经常提醒自己，不要急，慢慢来，孩子的教育问题急不得。教育学者张文质老师曾经提出"教育是慢的艺术"这个观点，我非常赞同。积极的暗示会有效地减少发脾气的次数。如果有时控制不好，想要发脾气，就赶紧提醒自己深呼吸，压压气，闭紧嘴巴，做点其他事情，待急躁情绪过了，人也就缓过来了。

（2）转移法。如果看到孩子的行为令自己抓狂，忍不住要大发脾气，这个时候最明智的做法就是转移。可以转移身体，到其他地方缓缓气；也可以转移注意力，把关注点集中在令人愉悦的事情上；还可以去运动，把心里的怒气释放出来。一旦怒气释放了，人的情绪就会趋于平缓，不会随心所欲乱发泄。

（3）冷静法。火气太大消不了是吧？那就去喝杯冷饮，冰冰的水从口腔灌到肚子里，一股凉气在五脏六腑穿行一圈，也有助于降火。

（4）磨炼法。我以前性子很急，但是现在的我行事如风，处事如水，在行动力这块毫不含糊，面对学生时，脾气很温和。我喜欢听学生说话，并且乐意用学生的话语系统与学生打交道，学生都很喜欢我。我是怎么做到的呢？我的方法是做手工，以此来磨炼我的急性子。我会缝纫，经常用旧衣裤给儿子改小衣服，也给学生换拉链、补破洞。我会织毛衣，工作之余就为家人织毛衣，还特意用极细的羊毛线，织出来的毛衣就跟编织机编织的毛衣一样，有款有型。我还绣鞋垫，用很细的缝纫线做十字绣，这都是特别需要耐心的手工活。我也想过放弃，但我若放弃，耐心就磨不出来。经过多年的刻意练习，我把手工活做成了绝活儿，最为重要的是，我的性子不急躁了。当我的性子不急躁了，我的先生和儿子以及学生都更爱我了。

优点和缺点总是相伴而生。如果只有自己，只要不危害社会，不给他人添麻烦，什么性子急躁啊、口不择言啊，不改也罢，但是，为人父母者，必须为孩子的成长计深远，为了孩子更好地成长，就要一日三省，修正自己的不足，让自己成为供孩子学习的优秀教材。

4. "毒舌"父母会养出什么样的孩子

学生小刘对我说，他特别恨他的父亲，早晚有一天，他们父子要打一架。

小刘说这话的时候表情很冷酷，语气也很生冷，我听得头皮发麻，忍不住责备他："你真是太过分了，他可是你父亲啊。"

小刘愤恨地答道："他天天在家里骂我，做得好，他骂，做得不好，骂得更厉害！"我劝慰道："有的父母性格不好，会骂子女，但心里还是爱孩子的。我小时候也被妈妈骂过，骂得还挺惨。有一次，因为我改了英语分数被她知道了，她数落了我整整一个小时，把我多年犯过的错误全部翻出来数了个遍，说得我无地自容。我心里虽有怨气，但想着终究是自己错了，也没恨她。"

为何小刘这样恨他父亲呢？他父亲究竟是怎么骂他的呢？

小刘说，他做得好，父亲不但不表扬，还打击，说有什么了不起，取得一丁点成绩尾巴就翘到天上去了；做得不好，就会骂得他抬不起头：你看你什么都做不好，你一无所有，吃喝都是我的，要是我赶你出门，你连乞丐都不如！

亲生孩子，这话怎么骂得出口？这么奇葩的父亲是不是小刘捏造的呢？

恰好，小刘和同学小王产生纠纷，把小王的脸给抓出了血痕。小王母亲不依不饶，非要我把小刘家长请来处理这起同学矛盾。正好，我也想会会小刘父亲。哪知小刘父亲一到场就指着小刘的鼻子臭骂："你就只知道惹是生非，从来没做过一件正确的事，害我这么忙还要来学校，看我回去怎么收拾你！"

小刘父亲气势汹汹的咒骂把准备来兴师问罪的小王母亲吓得直劝解："算了算了，你也别骂了，同学之间难免有个抓扯，我家孩子也就破了点皮，问题不大，回去消消毒，过几天就好了，小孩子恢复快。"

我也在一旁安抚小刘父亲的情绪，告诉他已成既定事实，打骂都不能解决问题，建议双方坐下来把事情的来龙去脉弄清楚再做进一步评判。

经过小王母亲和我的劝慰，小刘父亲的情绪总算稳定下来，听我讲述事情发生的细枝末节。当我提醒小刘今后行事要用脑子时，小刘父亲又爆发了，抢过我的话头呵斥道："他哪有什么脑子！"

小刘气极，怼道："我再不好也是你生的！我就是要气死你！"于是，父子之间开启了可怕的吵架模式。

我算是开眼了，"毒舌"父母果真有！之前我还不相信，自己生的孩子，就算不是宝贝，至少也不能羞辱啊，哪有这样骂自己孩子的呢？我之所以这样想，是因为在我的经历中从无此事发生。我总算明白：我未经历过的，未必别人就没有经历，也真正理解了"未经他人苦，莫劝他人善"这句话所包含的无奈与心酸。

很多"毒舌"父母会为自己找借口，说自己是"刀子嘴，豆腐心"。我想说的是，既然认为自己有"豆腐心"，为什么不把自己变成"豆腐嘴"呢？要知道，刀子嘴的父母很容易养育出这样的孩子：

（1）内心充满自卑的孩子。父母长年累月地否定孩子，孩子的自信心经常受到打击，能够拾起来的只有自卑。他们怕被别人看轻，往往不敢在大众面前表现自己，而是把自己藏起来进行自我攻击。受到同伴嘲笑时不能理性地处理，有时会变得非常狂躁。

（2）行为退缩的孩子。如果总是给孩子贴上"笨""没本事"的标签，慢慢地，孩子也认为自己一文不值，他们的自我就会逐渐消失，进而变得胆小、孤僻，不愿与他人交往，更不愿在大庭广众之下表现自己。他们就像蜗牛一样，终日缩在壳里自我催眠。

（3）人格分裂的孩子。长期被打压、否定、羞辱的孩子，为了自保，会分裂出多重人格。在强权面前，他是一个胆小怕事、谨小慎微的人；在弱者面前，他很有可能就是一个飞扬跋扈、以强凌弱的人。

（4）自我否定的孩子。一个人，如果从小得不到至亲的肯定，很容易陷入自我否定。别人说他长得帅，他却觉得自己很丑；别人说他有能力，他却觉得自己一无是处。

（5）性格狂躁的孩子。班里那些性格狂躁的孩子，十有八九有一个喜欢否定孩子的家长。这些孩子长期得不到家长的肯定和赞扬，心里早已溃不成军，但是又不敢与父母对抗，于是只能在心里攻击父母，同时也攻击自己。长期如此，孩子的性格就会变得狂躁。一个性格狂躁的人，后续发展会受到相当大的限制。

孩子生下来是一张白纸，父母希望孩子将来成为什么样的人，就在这张白纸上画什么样的人。好孩子是"温和而坚定"地教出来的，不是口不择言地骂出来的。

5. 总是当着外人面揭孩子的短会给孩子造成什么样的伤害

被父母当众揭短这种糗事，估计很多小伙伴都遇到过，而且带给人的感觉一定是特难堪、特委屈。

学生小张对我说，不知道是妈妈有问题，还是他自己有问题，母子之间明明都很在乎彼此，却偏偏又伤得最深。我问他母子之间的矛盾有哪些表现。

他说："我妈妈是个很矛盾的人。平时与我说话，温柔又明理。只要外人在场，她就莫名其妙了。比如外人夸我，'听说你小子上次期末考试考得很好啊，还拿了学业成绩二等奖！'我听着这番表扬，正得意，我母亲突然说话了，'考得好什么啊？前几次考试都很烂，这次是瞎猫碰到了死耗子'。我母亲在外人面前这样否定我，让我无地自容。再比如，在家吃饭时，她从来不说我胖，还不断地给我夹菜，让我多吃点，长高长壮有力气，说得我感动之余食欲大增。等到与外人吃饭时，好菜摆我面前都毫无食欲，为何呢？别人说我长得壮，她就说我太胖了；别人说我长得帅，她就说眼睛小了点；别人说我个子高，她就说穿了内增高；别人说我有礼貌，她就说我嘴太笨了……总之，有外人的地方，她就各种否定我。只要别人说我好，她就揭我短。我知道她喜欢在众人面前损我，所以，我不喜欢和她一起出现在公开场合。我干吗要去受那个羞辱呢？那些话，让我听到了自己灵魂碎裂的声音。"

小张确实是一个特别优秀的男孩，理科思维超级强，文科成绩也相当不错，还写得一手好文章。可是，他经常觉得自己心理有问题，还参照网上信息，把里面列出来的病症特征逐一和自己的心理特征进行对比，认为自己不仅有心理问题，可能还有精神问题。

我当然知道小张所谓的精神病是他臆造出来的。他就是不满母亲当众揭他短，面子被踩踏得四分五裂，自尊心受到了严重的挫伤。

小张这种情况属极端案例，但它又确实存在。

那么，父母当众揭孩子短处，会给孩子带来什么样的痛苦呢？

英国教育家洛克说："父母当众宣布孩子的过失，使其无地自容，他们便会失望，愈觉得自己的名誉受了打击，他们设法维持别人好评的心思也就愈加淡薄。"

青春期孩子特别在意别人对他们的评价。他们勤奋努力固然有内在需要，但更多的是外部评价在推动。如果父母总是当着外人的面贬损他们，他们就很容易自暴自弃——反正我怎么努力你都看不到，还有什么必要努力呢？

还有一点，很多父母没想到，专家也未必会说，那就是长期遭到父母揭短的孩子很容易形成低自尊人格。

什么是低自尊人格？

低自尊人格的人，常常把事情往坏处想，而且付出的努力较少。尤其当任务充满挑战而且费力的时候，他们往往选择逃避。因此，他们在学业、事业中取得的成功也较少。

他们缺乏行动力，害怕失败，总是找各种借口不完成属于自己的任务。这类孩子进入青春期未必叛逆，但一定懒于行动：作业不想写，班级活动不参与，班级管理不介入，班级卫生也不愿意做……总之，什么都不想做。脑子里有很多奇思妙想，却永远处于零行动状态。

思想方面，消极负面，总认为自己不行，做什么都是错的，自我贬损很厉害，总觉得看不见希望，整日唉声叹气，每天都生活在负面情绪之中，尤其在意别人的看法。

感情方面，消极郁闷，认为这个世界没人爱自己，自己也不配得到他人的爱。男孩在感情方面不敢主动，女孩则容易自轻自贱。

人际关系方面，很难与他人建立一种长期、稳定的人际关系。因为不自信,所以不敢主动向他人示好;因为内心自卑,也不敢主动展示自己的好,并且因为敏感、小气,太在意别人的看法,很容易与人发生矛盾。

看看,父母在外人面前故意表现出来的所谓谦虚,自家孩子需要付出多大的代价啊。

我儿子学业成绩难比那些超级学霸,但他是一个健康、快乐、自信,安全感满满的男孩。不论到哪里,他很快就会有自己的朋友圈;他想要表达自己,就会去争取表达的机会;他喜欢哪个女孩,就敢去主动交流。他之所以有这么健康的心理和健全的人格,跟我和他爸爸竭尽全力地在外人面前保护他的自尊分不开。

父母们请牢记:哪怕你的孩子在别人眼里一无是处,在你眼里也是金光闪闪的。你希望他成为什么样的人,就努力去描绘你所希望的样子。

6.贪玩父母容易培养出情感匮乏的孩子

我有两对同事夫妻,都特别爱玩,女同事喜欢跳舞,男同事喜欢打麻将。每天吃过晚饭,夫妻俩就各自放飞,孩子则留家里自我放飞。

A夫妻的孩子是个男孩,很听话,不惹是,不生非,喜欢宅家里,是个公认的温顺孩子。

B夫妻的孩子是个女孩,很听话,不惹是,不生非,喜欢出门跟小伙伴玩,是个公认的可爱孩子。

两个孩子进入青春期时,也没听说有多叛逆。男孩成绩不佳,但乖巧懂事;女孩成绩出色,也不骄傲自满。

我曾经非常羡慕这两对夫妻,认为上天真是太眷顾他们了:工作业绩一般般,每天晚上不是在玩就是在玩的路上,为什么他们的孩子就那么省心呢?哪像我们两口子,自打有了孩子,就天天守着自家孩子,不是陪玩,就是陪读,每晚还要给他讲睡前故事,周末还要带他去郊外挖野菜、捉龙虾,不要说跳舞、打麻将,就连在孩子面前说句负能量的话都要忏悔半天。可是我的孩子比A夫妻的男孩顽劣不止10倍,比B夫妻的女孩成绩差了不止一个档次。

我还调侃过自己,说我前世可能造了孽,所以这辈子要当孩子奴。而这两对夫妻,肯定是前世做了不少善事,所以今生有了福报。

多年过去,我们的孩子都长大了。B夫妻的女儿不负众望,考进一所211大学;我的孩子略次,考进了深圳大学;A夫妻就很悲催了,他们的儿子竟然得了抑郁症。

B夫妻的女儿，读书确实不让大人操心，一路好成绩到大学。大家羡慕不已，可是B夫妻很不开心，捶胸顿足悔不当初。为什么呢？这女孩，人倒是很利索，能力也很强，就是感情上很冷漠。出去读书，每次打电话回家，除了向父母要钱，不会多说一句话，寒暑假都以学校要组织社会实践为由拒绝回家。我那女同事终于忍不住了，趁女儿找她要钱时质问道："你除了要钱，连句问候父母的话都不会说吗？"哪知她女儿回怼："我和你们之间除了钱还有其他什么吗？养我到18岁是你们的义务，供我读书是你们的责任！"

反观我儿子，性格开朗，情感饱满，对父母既尊重又孝顺。周末，只要学校没有事，他都会回家陪我吃顿饭，陪老爸看看体育比赛。母亲节、父亲节还会特意回家，亲自下厨做几个拿手菜为我们庆贺一下。我跟他爸爸的生日，他从未忘记，一定会准备礼物和送出祝福。

如果说A夫妻的儿子抑郁是不具有参考价值的个案，那么B夫妻女儿的情感冷酷就不是个例了。我见过很多这样的夫妻，在孩子需要陪伴时耽于玩乐而导致亲子关系疏离，孩子情感缺失，甚至一生都因情感匮乏而受制于他人。

我教过一个男孩，他的父亲特别忙，母亲倒是很清闲，但她特别迷恋玩网络游戏。没错，虽然已经人到中年，仍然沉迷网络游戏。

孩子每天下午放学回到家，等待他的不是爱抚和温暖，而是孤独和寂寞。他的母亲沉浸在网络游戏里不能自拔，对他不闻不问，偶尔扔给孩子10块钱叫他自己出去买零食。

孩子没办法跟妈妈较劲，就跟自己较劲。老师们提醒他好好学习，他一句话呛过来：不学！老师们要求他多运动，他坚决抵制，还大言不惭地说，不搞个倒数第一多没面子。我指导他交朋结友，他一口回绝，没兴趣！还不无讥诮地说，这个世界有几个人是真心实意的。

他由一个热情活泼的孩子变成一个对什么都不感兴趣的孩子，老师和同学几乎感受不到他生命里的热忱。

后来，他还做出了离家出走的大事，甚至和父亲动了手。这也是一个极端个案，并不能说明贪玩的父母养育出来的孩子都会沦为此种情形。但是作为父母，我们不得不自省：当孩子最需要陪伴时，却只顾自己玩，一旦孩子的情感世界变得冷酷，待自己年老需要孩子陪伴时，他们会不会也在哪里疯玩？而且，两代人之间一旦缺乏情感联结，一辈子都无法修复。

爱玩是人的天性，本无可厚非。但如果做了父母，玩心就该有所收敛。实在要玩，就与自家孩子玩。

父母与孩子割舍不断的亲情就是在亲子互动中形成的。如果父母天天只顾着自己玩，孩子的感情世界就会异化出很多黑洞。如果他们在成年的时光里不能自我救赎，就很容易被感情的黑洞吞噬掉，变成不能爱、不会爱，也得不到爱的可怜人。

7. 暴力养育很容易养出病态人格的孩子

茂茂，男，14岁，学业成绩中等，脾气时好时坏。脾气好的时候，很有礼貌，看起来也温和；脾气不好的时候，就撒泼、打滚、六亲不认。如果有谁不经意间说了一句嘲讽他的话，茂茂立即会作出剧烈反应，轻则摔人家东西，重则打人。

茂茂妈妈说她儿子是个"顺毛驴"，只要顺着他，不把他惹毛，就啥事儿没有；要是不小心惹着他了，就是一头"犟毛驴"，跟他父亲一样，性子暴躁得似乎要把天戳个窟窿。

后来，我去家访，领教了茂茂父亲偏执的教育理念。茂茂父亲说，自己的儿子哪有不爱的？但他认为对孩子的爱，不应该是和风细雨，必须严厉、严格，必要的责骂和惩罚都不能少，如此长大的孩子在社会上才能受得住各种挫折。那些动不动就跳楼的孩子，还不是挨打少了，少爷小姐脾气大？自己小时候，哪个小孩不挨打？他们就不会寻死觅活，都健健康康地长大了。现在的小孩子心理脆弱，都是因为家长和老师太软弱，什么都跟孩子"动之以情，晓之以理"。所以，他懒得跟孩子讲什么理、动什么情，棍棒和拳头就是理和情。

尽管茂茂父亲言辞铿锵，侃侃而谈，貌似有理，但我还是不认同他的教育理念。他根本就不了解教育的真谛，没搞懂孩子成长的逻辑，也没分清时代的差异。他的教育观念只是由他的生活经验得出，属于个例推导，不具有普遍意义上的推广价值。

如果说茂茂是在"硬暴力"中成长的，那么另一个女孩，就是在"软暴力"中生长的。

小叶，女，14岁，学业成绩优异。小叶说，她发奋读书就是为了离开她的父母。小叶有个弟弟，能说会道，还会撒娇，父母的时间、精力，还有爱，全都给了弟弟，小叶则长期遭受父母的白眼、否定和嘲讽。比如，小叶把试卷拿回家请父母签字，她父母都懒得看，让她自己签。小叶个子矮小，皮肤黝黑，她妈妈逢人就吐槽：我那女儿啊，皮肤黑，很难看。小叶想跟同学去逛街、看电影，小叶妈妈就会讽刺：能不能干点正事儿？

小叶虽然学业成绩优异，但是自我认同感很低，在同伴那里缺乏价值感，在班里也没什么存在感。她不跟同学交往，也不参加班里的各项活动。她除了学习，就是呆坐在座位上发愣。在她身上，我看不到青春女孩的活力。

我带班30多年，看到过很多像茂茂、小叶这样的孩子。他们无一例外地被父母以暴力的方式教养长大。不是所有的问题孩子都是在暴力中长大，但在暴力中长大的孩子一定有问题！

那么，在暴力中长大的孩子通常有哪些问题呢？

（1）容易成为一个暴力者。这类孩子性格比较好强，骨子里有股傲气和控制意识。他们若是被暴力以待，也会用暴力控制别人，以此来满足他们内在的骄傲和掌控感。著名犯罪心理学家李玫瑾教授就曾说，所有暴力犯罪者从小都在暴力中长大。

（2）容易成为冷漠者。一个感受不到爱的人，心里怎么会有爱呢？心中无爱的人，对什么都不感兴趣，班级活动懒得参加，同学关系懒得经营，助人为乐与他无关……可是，他们的内心深处又渴望支持，渴望认同，渴望别人看到他们的存在。

外在的抗拒和内在的渴望不断地在冷漠者心里纠缠、撕扯，他们过得特别矛盾与分裂，幸福生活往往与他们无缘。

（3）容易成为自卑者。不管是硬暴力加身，还是冷暴力虐心，都会令承受暴力的孩子自卑。他们会怀疑自己是否是父母亲生的，是否罪孽深重，是否资质平庸……他们会认为自己不值得爱，不值得让世人温柔以待，于是在内心挖掘出一个自卑之湖。这个自卑的心湖要么令他们自轻自贱，要么令他们狂妄自大。自轻自贱时，他们就缩手缩脚，错失所有可以令自己绽放的机会；狂妄自大时，他们就急功冒进，刚愎自用，葬送所有可以令自己大放异彩的时机。

（4）容易成为降级消费的自贱者。不被父母赏识的孩子，也不会赏识自己。他们长期被父母暴打、责骂、否定、讽刺，他们的价值系统里就给自己牢牢地贴了一张"低能无用"的标签，常常把自己当作鄙视的对象。他们内心看不起自己，认为自己不配得到更好的东西，也不可能成长为更好的自己。他们没有向上的愿望，容易被他人蛊惑和欺骗，也很容易自甘堕落。

（5）容易成为人际交往障碍者。父母是帮助孩子进行社会化最重要的人。如果孩子在学习人际交往的初期，父母教给他们的就是非正常的交往手段，那么，他们学到的也是非正常手段，一用就把同伴给吓跑了。我见过很多孩子，内心非常渴望友情，可就是交不到一个真心的朋友，甚至连一个玩伴都找不到。他们在意识上披肝沥胆，在行为上却横行霸道。还有一种情况就是心有前行之意，行为上却总是表现出退缩状态，就是那种"心有余而力不足"的生命状态。

教养孩子的正确方法有千百种，但绝没有暴力教养这种方法。孩子犯错当然有必要实施惩戒。惩戒的方法有很多种，最不提倡的就是暴力惩罚。不论是从我个人的成长经历，还是我作为一个母亲对教育的理解，以及我作为一个班主任30多年的观察与思考，暴力养孩子有害无益。作为父母，我们必须改变自己的教育观，同时还要增强家庭教育的能力。

8.父母言行不一容易激发孩子的叛逆

有几个家长总是向我投诉,说孩子在家里特别不听话,总是跟他们抬杠,弄得他们很无奈,希望我找个时间教育下他们的孩子,哪怕打一顿他们也没意见,实在是太气人了!我一听就纳闷了:这几个孩子在学校里的表现中规中矩,很听话,很懂事啊?

我立即找这几个孩子聊天。他们都很无奈地向我耸肩摊手,说:"老师,我很难的。"

他们究竟难什么?

小Y说:"我妈妈每天都跟我说,不要迷恋某明星,他又不能给你高中读,又不给你找工作、买房子,你一定要用心读书,才有美好的未来。"

我说:"你妈妈说得没错,虽然现实功利,但也是红尘生活的真相。"

小Y说:"我承认她说得没错,我也不是天天都在迷恋这个明星,我虽然追星,但也有底线。可是我妈妈天天说为了这个家她多么努力,事实上她每天抱着手机玩游戏,还是一些幼稚的游戏,不好好发展自己的事业,所以她每次讲那些表里不一的话,我就火气直冒,忍不住跟她顶嘴,她就说我特别叛逆,我也就拿叛逆当幌子去气她。"

小L则向我强烈谴责他的父亲,说他父亲的口头禅就是要遵守国家的计划生育政策,结果一生就是三个,还因此被罚款。

我笑着说:"据我所知,你是老二,你还得感谢他言行不一,不然这个世界哪有你?"

小L笑着转移话题:"这个就不说了吧,说其他的,他要求我必须对他孝顺。"

我说:"他的要求是正当的啊,为人子女不孝顺,道德层面要受到谴责,法律层面要受到制裁。"

小 L 愤怒地答道:"就算他说得没错,那他也没做到啊!他对我爷爷奶奶就不孝顺,对老人家经常呼来喝去,偶尔还谩骂。他还经常吹嘘自己各种厉害,但就是没见他有什么行动。"

小 X 说得更有意思,说她妈妈总会在口头上说自己的宏图大志,却不见有什么行动,只是要求孩子做这做那,自己啥都不想做。每次开完家长会,她都发誓说要努力学习,做一个优秀的家长,结果睡一觉就忘记了。她对孩子说节约是美德,可自己经常网购一些没用的东西;教育孩子要有理想,要立大志,自己却天天混日子。

听完这几个孩子的陈述,我哑然了。我本来是想帮着家长去教育孩子的,结果被孩子们的讲述呛得说不出话来。我自己也是家长,在我孩子的心目中,我是不是也被看轻过呢?

我把困惑告诉这三个孩子,他们异口同声地问我:"你孩子在青春期叛逆吗?"我说:"非常平稳,从未跟我顶过嘴,母子关系非常和谐。"他们竟然赞叹道:"老师,你在你儿子心目中的地位很高哦。"

我笑着问:"何以见得?"

小 Y 说:"我妈妈总说我叛逆,其实我的叛逆只针对她,我和别人都能很好地沟通,就是跟妈妈无法沟通,因为她一开口我就容易暴躁,我也想控制,但是控制不了。"小 L 附和小 Y 的说法,还进行了补充,觉得孩子的叛逆都是父母给逼出来的!小 X 说,他虽然不跟妈妈吵,但会采用冷暴力去对抗母亲的言行不一,每次把妈妈气得说不出话来,他就拿青春期叛逆说事,他妈妈也就不计较了。

孩子的世界真的是不简单啊!父母不问,他就不说;父母不懂,他就牵着父母的鼻子走;父母有上招,他就有下策。总之,父母有什么做派,他立即就会匹配相应的行为。所以,每位父母都应该扪心自问,要求孩子做到的事情,自己是不是做到了?

9. 父母喜欢抱怨对孩子至少有三大危害

凡与我近距离接触过的人，对我都有一个共识：积极上进，不抱怨，充满正能量。我也认可这个评价，我确实是一个不喜欢抱怨的人，事情已经发生了，第一时间要做的就是稳住事态，接下来就是解决问题，哪有时间去抱怨。抱怨对解决问题于事无补，还有可能衍生出新的问题。

或许是我早早就悟出了这个人生智慧，所以我收获了和谐的家庭关系，孩子也在这种健康的家庭关系中健康成长。

可是反观我很多学生的处境，他们都有一对特别爱抱怨的父母。

考试没有考好，父母抱怨；跟同学出去玩耍，父母抱怨；玩手机，父母抱怨；穿什么衣服，梳什么发型，父母抱怨……很多父母除了抱怨自己孩子的行为，还抱怨自己的上司、同事、亲戚、朋友。

这绝不是我杜撰的现象。我在班里做了调查，参与调查的49个孩子里，只有3个孩子说父母鲜少抱怨，说话积极正面，欣赏鼓励的话语较多，而这3个孩子恰好就是班上最阳光、积极、同学关系最好的孩子。有10个孩子表示父母只是偶尔抱怨，多数时间是正面表达，对孩子也是以鼓励为主，这10个孩子在班上的表现也不错。其余的孩子则表示他们的父母经常抱怨。有近10个孩子说，几乎就没从父母那里听到一句充满正能量的话，他们的父母就是穿鞋都要抱怨鞋的样式不新、质量不好。总之，不论什么人、什么事，在他们眼里都是负面的。

我仔细研究了那些生活在父母抱怨下的孩子，他们都有以下共性：

（1）对自我的认知度较低。这些孩子从心里认为自己干什么都不行，读书不行，运动不行，搞班级管理不行，上讲台发言不行……总之，就是不行，老师可别叫我，我是"差"学生，我什么都不会。人生画卷还没展开，这些学生就已经对自己的人生进行了负面预言，他努力的方向就是把自己变得不行。父母长期的牢骚抱怨，使得孩子认为自己"傻、笨、低能、弱势"。当孩子形成了类似的低自尊后，一旦固化，谁还能改变得了他的命运？

（2）深入骨髓的自卑。自卑的孩子未必都有一对爱发牢骚、抱怨的父母，但喜欢抱怨的父母一定养不出自信大方的孩子。一天，我跟一个孩子聊天："你都15岁了，找找自己有哪些优点吧。"他竟然说："我一无是处。"我说："这天下就没有一无是处的人，你仔细找找，肯定能找出优点。"那孩子沉默了一阵，说："老师，我确实没有任何优点，从小到大，父母就抱怨我瘦、挑食、懒、成绩不好、笨，做什么事都吃亏。"

我笑笑说："我才认识你10天，就已经发现你很多优点了，一数一大把，有兴趣听我数给你听吗？"

那孩子一脸惊讶地点点头。

"第一，你长得帅，小脸儿干净秀气，笑起来很可爱。

"第二，你个子高，大长腿。

"第三，你脾气好，很受女生欢迎，她们都说你脾气随和、好说话。

"第四，你守规则，不打架，不斗殴，每天按时上下学，作业也能按时按量完成。

"第五，你尊敬老师，我是一个'空降'的班主任，以前跟你没有任何交集，但你对我很尊敬。

"第六，你仗义，我听远俊妈妈说，你多次请远俊喝奶茶，有好东西也乐意与同学分享。"

我说的这六点，没有任何虚夸的成分，孩子本人也点头认可。但是，这孩子仍然自卑。这份自卑深入骨髓，很难剔除，皆因从小到大听父母对他的抱怨，他已经把自卑刻进了自己的内心深处。

（3）喜欢抱怨和推脱。孩子长期生活在牢骚、抱怨的环境中，学会的也是抱怨。所以，班上总有一部分孩子，不论大家做什么，他们都有各种吐槽和不满，但又不愿意动手去做。这样的孩子在群体中往往不受欢迎，久而久之就会形成不良的心态，总是向外归因，难以获得成长。

父母是孩子学习的第一本教材，如果这本教材处处都写满牢骚和抱怨，不用想，孩子学会的，必然是负面的内容，他的人生也将是负面的。所以，为了孩子，父母们真的要警惕抱怨心态。

10. 父母随意窥探孩子隐私容易造成两败俱伤

曾经有学生问我:"你会随便出入你儿子的房间吗?"我答:"如果房门是敞开的,我就会直接进入;如果房门是关着的,哪怕是虚掩着,我也会敲门征得同意才进去。"

学生听了很羡慕,说他父母进他的房间简直入无人之境,不同意,他们就甩一句话:你一个小孩,有什么秘密?他妈妈还会呵斥他:"我怀你、生你、养你,到头来连进你的房间都还要征得同意?这是你的房间吗?你有房间吗?吃的、住的、用的,哪一样不是我的,我想进、想出,不该我说了算吗?"

还有很多学生说,父母经常偷偷翻他们的书包。更有甚者,有些家长竟然会破解孩子的各种社交密码,登录孩子的微博、QQ、微信等。父母的出发点我当然理解,毕竟孩子还未成年,究竟在与什么人交往、聊什么内容,总得了解一下,不然孩子偏离正确的成长轨道,后果不堪设想。但是,请记住,孩子已经长大了,他们有隐私权。

为人父母者,都要扪心自问:我有没有尊重孩子的隐私权?如果回答是没有,那么我就要告诫你了,这种行为一定会严重破坏亲子关系。具体表现如下:

(1) 被孩子各种提防。亲子之间的距离本应近在咫尺,却远成了天涯。孩子天天吃父母做的饭,穿父母洗的衣,住父母提供的房,但因为隐私权不被尊重,却总是想躲开父母。亲子关系僵成这样,真的好吗?

(2) 被孩子各种小视。父母不把孩子放在眼里,孩子怎会把父母放在心里？父母不尊重孩子，孩子也会认为父母不值得尊重，对父母说话态度不友好，做事阳奉阴违。

（3）被孩子各种抗拒。你不是喜欢偷窥我的一切吗？那我就做得严丝合缝、滴水不漏，看你怎么偷窥！你不是要我做这做那吗？我就偏不。你要我往东，我就要往西；你说好，我偏说不好；你让我远离负能量的朋友，我偏偏要和他们交往……我还把自己变成负能量！可怕吧，当孩子对父母起了抗拒之心，后果就是，父母的教育很难产生力量。

反过来说，孩子在这样的亲子关系中，又会受到哪些伤害呢？

（1）负气之下做出错误的决定。我们经常说，不要在气愤之下做选择，但是青春期的孩子被父母惹怒了，往往都会在气愤之下做出错误的决定，如离家出走，沉迷游戏，跟品行不端的人交往，放弃成长等。有些错误可以弥补，多数错误一旦造成，连弥补的机会都没有！教育具有不可逆转性，为人父母者，切记。

（2）降低尊严感。我们经常会遇到一些这样的孩子，不论你是温言细语，还是愤怒指责，抑或是肉体惩戒，他都一副"死猪不怕开水烫"的样子，什么感觉都没有，甚至还笑嘻嘻来一句：我就是没救了。生而为人，为何尊严扫地还能当没事一般？真的是内心强大吗？非也！一切始于父母对他们的不尊重。

（3）容易形成告密人格。小学生告密一点儿都不奇怪，到了中学还喜欢告密的孩子就很奇怪了。为何奇怪？我调查了很多中学生告密者，多是从小到大秘密都被父母窥探去了的孩子。因为秘密被窥探，他们没少被辱骂和惩戒，所以心里很不平衡，也会去窥探同伴的秘密进而告密，令同伴出丑或者被罚，心里就很痛快。

这是看得见的"明伤"，还有许多我们根本看不到的"暗伤"，或许需要孩子用一生的时间来疗愈。

为人父母者，面对孩子因长大而产生的秘密，如果不知道如何处理，那就不作为。有时，无为也不失为一种好办法。

11. 青春期男生怎么了

很多带初中生的班主任向我请教：现在的初中男生不是太皮，就是太怂。大庭广众之下让他们发言，期期艾艾金口难开，私底下却窃窃私语说个不停。任性妄为又没有实力，玩世不恭还玻璃心，懒惰无为还大言不惭，不写作业还振振有词，一天不搞几个幺蛾子出来不甘心，真是太不省心了，太讨人嫌弃了，该怎么办呢？

我只能说感同身受，但爱莫能助。我自己也在初中带班，整天跟一群精力过剩的男生斗智斗勇，有时也难免被气到心慌气短。

有一次，我去生物实验室监考九年级学生的物理测试，一群男生就和我上演了一出好戏：

10点20分正式开考，我10点05分准时进入考场，竟然只有七八个人在里面候考，其余人均聚在走廊嬉闹。候考的男生也并非在候考，而是在实验桌上玩水，弄得水花四溅。我温和地说道："把水关了吧，水花四溅，不好。"一男生马上接嘴："是水花世界，好看。"我嗔怪地看了他一眼，他把水关了。哪知那个男生马上又故意问："老师，会不会发大水？"其他男孩立即配合地发出诡异的笑声，我心里有些恼，但很克制地表达："你觉得呢？"

随后，我组织大家各归其位，准备考试。有一男生似笑非笑地说："老师，我是七年级的。"我说："那你就去七年级那边考试，我这里是九年级。"那男孩口齿很伶俐，说道："我没这个胆子。"我面上在笑，心里却已在发狠，说："我安排人送你去医院重装一个胆子。"不承想这男孩实在很刁，竟然接着我的话说："太好了，请你帮我装一个胆子呗！"我有些恼怒，但情绪很克制，语气严厉地说道："可以，不过我学艺不精，装坏了不负责，要不要试一试？"趁男生一时没回过神来，我厉声喝道："说够没？没说够我安排人送你去三楼校长办公室跟校长说去，我要分发试卷了！"

到此，大家无话，我也开始分发试卷。

试卷发下去还有5分钟的考前准备。有些男生要么用笔随意地敲桌子，要么用脚碰撞实验桌的隔板，要么扭开实验桌水槽上方的水龙头。我提醒道："在这个教室里，大家的身份是考生，请遵守考场纪律。我是监考老师，我们共同在这个教室完成一件事，那就是物理测试。你们遵守考场纪律，我履行监考职责，各守其责，相安无事，这场考试就算圆满了。如果谁不遵守考场规则，那么一切按原则办事。"

鉴于我的语气绵里藏针，表情又很严肃，气场还很强大，他们总算收敛了。不过整场考试中，只有少数男生在认真答题，多数男生在装着答题，还有个别的趴台假睡，旋转笔杆，将水龙头扭至滴水状态，花样繁多，小动作不断。90分钟的物理测试，我一眼不眨地用目光从左到右，再从右到左进行扫视，才算把一场监考圆满完成。如果换作一个初入职的老师，或性格柔弱绵软的老师，他们真的就翻天了。

这真是一群不省心的男生！事后我得知，这是由各班调皮男生组建的月考"天团"。那么问题来了，为何大多数初中男生让人头痛呢？

（1）生理与心理发育不平衡所致。初中男生普遍进入青春期，刺激处理系统已发育成熟，认知控制系统的成熟期则要到20岁之后。大脑神经递质分泌多巴胺，令他们兴奋躁动，还有睾丸素的大量分泌，使得他们特别好动，身体处于严重失控状态。

刺激处理系统一旦发育成熟，就会"唆使"男生更依赖自己的感觉，做出情绪化的反应，不加屏蔽地接收外界各类良莠不齐的信息。如果此时出现一个"有责任心"的控制系统来约束男生的行为，那么他们的行为就会变得有序、有礼。可是，绝大多数男生的心理发育与生理发育并不同步，两个系统的成熟前后相差近5年，对初中男生来说，一边是作乱的系统已经成熟，一边是控制的系统还很稚嫩，他们除了听从自己感觉的召唤，别无选择。

（2）消极价值观所致。男生比女生更喜欢混圈子，也更喜欢在网上刷屏和打游戏，他们在价值观还未稳定之前，辨别是非的能力还不够强，可偏偏认为自己什么都懂，看不惯落后的父母、说教的老师，尤其是那些要求他们认真学习、好好做人的老师。

（3）学业失败所致。到了初中阶段，学科增多，内容加深，学生的听课状态跟小学不可同日而语。如果专注力和忍耐力不够，听课质量下降，成绩也会直线下滑，而此时部分男生的心智发育与学习要求不匹配，如果没有得到父母和老师的帮助，半个学期就会由小学的绩优生变成初中的学困生。学业困难是男生违纪的主要原因。

（4）自控力差所致。新时代的孩子生活在一个诱惑颇多的环境里，很难抵制。既然无法抵制诱惑，他们就会各种铤而走险，自然也就会令人头痛了。

这些男生在他们生命成长最关键和最动荡的阶段，如果不能被理解和善待，缺乏正确的价值引领，就会错过健康生长的季节。等他们长大晓事后，想要从头再来，那就太难了。所以，对中学，尤其是初中阶段的男生，家长和老师不妨给予更多的关注与包容，确保他们的人生旅程不偏航。

12. 为什么你的孩子成不了"别人家的孩子"

我教书育人30多年,在最偏僻的乡镇待过18年,在海南省会海口待过1年,在改革前沿城市深圳待了十几年。我的教育人生在农村学校和城市学校、公立学校和私立学校、普通中学和职业中学之间切换,见过的学生以及家长不可谓不多。

不论在哪种性质的学校,我都会遇到学业优秀、情商超高、品质优异的"别人家的孩子"。我反复观察了"别人家孩子"的父母,发现他们具有如下共性:

(1)自信,喜欢与老师沟通,配合度较高,对老师充满敬意与善意。

(2)喜欢学习,乐意接受新知,愿意为孩子完善自己。

(3)为人真诚,懂得爱孩子,家庭关系比较和谐。

(4)工作积极,愿意为了创建美好的家庭去努力。

(5)乐群,与人为善,同理心、共情力都很强。

(6)家校沟通信息渠道畅通,积极参与学校事务。

(7)具有成长型思维,相信通过努力能取得进步。

(8)执行力强,不论自己的事还是他人的事,都能及时完成并主动挑担子。

看到这里,有些父母可能就坐不住了:这8条我也具备啊,为何我家孩子却是"沉默的大多数"呢?

"沉默的大多数"未必就是平庸之辈。他们可能平凡,但只要慢慢努力,谁又能说,这些"沉默的大多数"在到中年时不会成为"别人家的孩子"

呢？至少我就是从"沉默的大多数"蜕变为"别人家的孩子"的。

这类孩子可能资质中等，学习方法欠妥，但只要父母不灰心，一如既往地相信自己的孩子，帮助孩子积极预言自己的人生，言语上鼓励孩子，行动上督促孩子，方法上指导孩子，假以时日，这些孩子在某个领域就会成为"别人家的孩子"。我有许多学生从"沉默的大多数"逆袭为公司老板、企业高管、小店业主、销售明星。即便没有成为佼佼者，但他们性格乐观，心态阳光，过着平淡、安稳的生活。这又有什么不好呢？

反之，我也观察了那些既不能在早期成为"别人家的孩子"，也不能在人生中期逆袭为人生赢家的小孩父母。他们大多有下列不足，有些占了三四条，也有一些占了一半，严重的条条中招。

（1）自卑胆小，从不参加家长会，也不参与学校各项活动，更不与老师进行必要的沟通。

（2）负面情绪重，孩子一旦被老师批评，便会表现出不满甚至愤怒的情绪，认为老师对其孩子不友善，故意为难孩子。

（3）对孩子漠不关心。嘴上说爱孩子，实则哪个老师教自己的孩子，是男还是女，姓甚名谁，人品怎样，专业能力如何，完全不知道，也不想知道。有时老师主动找其沟通还显得特别不耐烦。

（4）不学习，不改变，认为自己年纪大，文化低，不可能再做出好的成绩。

（5）认为只要有钱，什么都能搞定。夸大金钱的力量，多少有点读书无用论。

（6）脾气粗暴，在教育孩子时缺乏智慧，甚至对孩子放任不管。

（7）思维消极、绝对，总认为孩子不行，自己也不行，不论做什么都没用。

由此可知，如果想要自家孩子成为"别人家的孩子"，父母首先要努力把自己修炼成"别人家的父母"。那么，如何把自己修炼成"别人家的父母"呢？

（1）要成为学习型父母。既然是父母，就要认真学习，与时俱进，避免孩子到了青春期，父母知识老化，跟不上时代，与孩子缺乏共同语言，从而没有沟通的话题。

（2）为人父母，必须有能力养活家人，家庭建设要搞得风生水起，不然，孩子就不认可这样的父母。

（3）父母要有积极的价值观。孩子都有模仿性，父母积极上进，孩子自然而然也会追求进步。

（4）身为父母，要舍得投入时间，陪孩子学习、玩耍、说话。只有陪孩子长大，孩子才会陪你变老。

总之，父母改变，孩子才会改变；想让孩子优秀，自己也要追求优秀。

13. 父母不懂事，孩子究竟有多难受

有一次，我在火车站碰到一对母女在争吵。母亲看起来四十来岁，女儿看起来十五六岁。从母女的穿着来看，应是殷实人家。

女儿先是小声提醒："你不要把别人的东西丢在地上。"

母亲高声应道："那是别人不要的东西，是垃圾。"

女儿平静地说："是垃圾就更不应该丢在地上，你应该收起来丢到垃圾桶。"

母亲急忙解释，声音听起来有些恼羞成怒："我平时就是这样丢的，有什么问题吗？"

女儿似乎有些动气："平时是平时，现在是现在。这里是车站，是公共场合，别人的东西，就算是垃圾，也不能动，况且你还丢在地上，就是没礼貌，没素质。"

母亲很是气恼："不就是丢个垃圾，丢了就丢了，还要怎样呢？"吼完，气鼓鼓地把手上一包东西递给女儿，冷声喝道："提着！"

女儿也冷冷地回道："麻烦你说'请'。"

母亲递东西的手坚持着不缩回去，女儿接东西的手也坚决不伸出来，母女俩僵持了差不多一分钟。母亲忍不住了，又吼了一声："提不提？"

女儿倒是妥协了，一边接包一边说："说话不要那么大声，这是公共场所。"

这时，广播通知检票了，这位母亲一边排队检票，一边大声嚷嚷："我说话就是这么大声，我说我的，关别人什么事？我又没碍着谁！"

女儿没再搭话，快步向前走了几步，独自排队检票去了。

我就站在这对母女的旁侧，每一句话都听得很真切，既感到欣慰，又感到惭愧，同时还为这位母亲担心——母女关系搞这么僵，待会儿坐一起该怎么和好？

我之所以感到欣慰，是因为这些年我走南闯北，看到的年轻人，不论男女，素质真的是越来越高了。这说明后天的教育真的很重要，也很有效。惭愧的是，我作为一个母亲，以前带着儿子出门时，也像这个妈妈一样放纵情绪，说话超大声，完全不顾及周遭人的感受，也被儿子善意提醒过多次。庆幸的是，我跟这位妈妈稍有不同，儿子提醒我时，我会深感惭愧，立即纠正自己的言行，不会跟儿子吵个不停。

很多父母抱怨孩子不听话，孩子真的有那么不听话吗？在车站争吵的这对母女，谁才是不听话的那个人？很显然，女儿比母亲更懂事，更理性，更有规则意识。

以前有个女孩向我抱怨她妈妈特别不守公共场合的规矩，所以她最怕带妈妈出门。

她说有一次带她妈妈去深圳东门，她妈妈竟然横穿马路，还翻越栅栏。

我同情地回了她一句："那你妈妈还真是需要成长。"女孩马上答道："她要是有我一半成熟，她的婚姻就不会出那么大问题，也不至于被她的朋友欺骗。"

这个女孩很懂事，也很自律，学习也不错，但她很痛苦，有轻度抑郁，这源于她不成熟的父母。本来，以她的资质可以上一所较好的高中，考一所较好的大学，但因为纠结于父母的不懂事，她的情绪很不稳定，中考时发挥失常，上了一所中专学校。

我为师30多年，看到太多不懂事的父母把自家孩子带偏了。可怕的是，他们根本不知道孩子的问题其实就是自己造成的。

最近一段时间，我总看到办公室的同事因为一个学生的"问题"被气得语塞。我虽然没有深入了解这个学生的成长背景，但从学生本人、学生父母、学生奶奶输送出来的信息就知道，孩子的家庭教育是有问题的：母亲软弱、六神无主，父亲粗暴、管教无方，奶奶强势、自以为是。三个成年人的人格都不够健康，怎么可能培养出一个健康的孩子呢？

我在写下这些案例的时候，字里行间确实对父母有所责备。我并非一个苛责的人，只是为这些孩子心痛不已。

人生不能重新来过，读到此文的家长，如能引起共鸣，并心有所动，那么就反思自己，进而改变自己，争取做成熟、理性、懂事的家长。

14.性格懦弱的孩子是如何养育出来的

"懦弱"是什么意思？软弱无能，算是贬义词。关于"懦弱"，民间说法还有"怂""窝囊废""胆小鬼"等。但凡性格懦弱的人，从家庭角度来讲，地位低下；从职场角度来看，存在感比较低。他们的人生或许平安顺遂，但很难光彩照人。

那么，性格懦弱的孩子究竟是怎么养育出来的呢？

（1）暴躁的养育方式。父母之中有一方性子很暴躁，孩子出差错，不是教孩子如何改正错误，而是采用霹雳手段惩罚孩子。我曾经有位同事，是一位脾气特别暴躁的父亲，经常当众打儿子。比如，他儿子放烟花方法不当，把手指烧伤了，他看到后很心疼。子伤父疼，人之本性，理应赶紧安慰，可是他把心疼化作愤怒，又把愤怒变成暴揍的行为。又如，他的孩子跟小伙伴去田间抓小龙虾，掉进了水里，他知道后，内心很后怕，为防止孩子再去抓小龙虾失足掉水里，竟然当着孩子同伴的面拿皮带把孩子抽了一顿。除了殴打，他还经常暴跳如雷地责骂孩子。比如，孩子早晨起床动作迟缓，导致迟到，他就大发脾气，把孩子骂得狗血淋头。类似的行为偶尔为之也无甚大碍，但若经常上演，孩子就会精神紧张。在强者面前，他很懦弱；在弱者面前，他很凶暴。事实上，他的孩子就是被他养成了这副样子。

这些年，我接触了不少暴躁型家长，发现他们的孩子在群体中都缺乏存在感，在强人面前都很怂，但离开成人的视线，又会欺负弱小。

（2）否定的养育方式。有一种父母，不论孩子做什么，做对还是做错，得到的都是否定。孩子拿 99 分的试卷回家，父母说：骄傲什么，又没得 100

分！孩子运动会表现奇佳，夺得多个项目冠军，拿着奖状喜滋滋地回家，结果遭父母兜头一瓢冷水：得意什么，运动好有什么用，中考可以加分吗？孩子会交际，跟同学关系好，父母也会各种打压：看你交的一群乌合之众，除了会玩，还会什么？你那些朋友都是不学无术的懒惰分子。

对号入座一下，是不是很多父母是如此扫兴？总是忍不住要揭孩子的短，把孩子否定得体无完肤？

但凡被长期否定长大的孩子，自我认同感都很低，在组织里掀不起任何风浪。他们表面看起来不动声色、风平浪静，内心深处的渴求又非常强烈，可他们性格懦弱，自己想要的不敢争取，于是就活得特别憋屈，特别拧巴。

（3）忽略的养育方式。很多父母很忙，很累，很烦。同为职场中人，我深表理解。但作为成年人，我们既然决定做父母，就要舍得放弃一些无用的社交，还要学会管理自己的情绪，平衡好不同的角色。

我曾教过一个男孩，长得眉清目秀，篮球打得特别好，按说这样的男孩在班里是很有女孩缘的，但他经常被女孩"虐"得脸红脖子粗，却不敢吭声。我要给他讨回公道，他还不肯，说我要是出面了，女孩"虐"他的手法就更加捉摸不透了。这里的"虐"不是打骂，而是女孩对他各种出其不意的取笑和指使。

面对女孩们千奇百怪的"虐"，为什么男孩这般懦弱？其实他的父亲非常优秀，家境也算殷实，怎么看，他都应该长成一个外有光、内有刚的男孩啊。

他父亲虽然优秀，但只追求自己的事业，从来看不到孩子的需要，也看不到孩子成长中的苦恼，更看不到孩子的优点。父亲每天忙自己的事，母亲每天上完班就忙着去跳舞，根本不愿陪伴孩子读书、写作业，甚至连晚餐都懒得做。这个孩子的自我管理能力还算强，父母经常不着家还没变坏，但就是懦弱无刚。

（4）过度保护的养育方式。过度保护的教养方式容易养出两种相反性格的孩子，要么骄纵，要么懦弱。

我儿子幼时被他爷爷奶奶带回老家养了一段时间，什么都不让干，连自己吃饭都不同意，说是怕噎着，也不准他跟院子里的其他小孩玩，说乡里孩子野，怕抓伤面皮，戳到眼睛。孩子在老家养了两周，胆子就变小了，一回来就被楼上的小姐姐在脸上抓了三四个伤口，他也不敢还手。

大人对孩子的过度保护无疑减少了孩子独自解决问题的能力。孩子的自信与胆量是在一次又一次解决问题的过程中提升的，一定要给他们自己解决问题的机会。

（5）发育迟缓，身体羸弱。这种情况在青春期的男生群体中表现得很明显。在同等年龄的群体中，身强力壮、高大威猛的男孩，特别自信。即便成绩不够优秀，有一身腱子肉，或者身高一米八，也是自信满满的。相反，那些又瘦又矮的男孩，经常会成为其他男孩戏谑的对象。

作为父母，我们一定要关注孩子的生长发育。如果你的孩子发育与同伴差距太大，一定要去医院检查。

如果你家孩子自信、阳光，这篇文章浏览一遍也就够了。如果你家孩子懦弱无刚、胆小无助，那你得好好分析一下，看看孩子形成懦弱性格的根源在哪里，然后对症下药。问题早发现，早解决，孩子早成长。

15. 父母言行粗俗会对孩子造成哪些隐性伤害

在青春期的孩子看来，在公共场合大声讲电话、随地吐痰、随便插队、一言不合就跟他人发生言语冲突，均属于粗俗的行为。

有一部分大人，逢年过节凑在一起就打听亲戚家小孩成绩好不好，挣钱多不多，结婚还是没结婚，说完还肆无忌惮地嘲笑成绩不好的孩子，公然鄙视挣钱不多的孩子，痛陈不结婚的种种凄凉后果，逼迫没结婚的孩子赶紧结婚。这些行为在成年人看来，均属正常，但会使青春期的孩子极度不适。

当学生向我吐槽这些的时候，我心里很不愉快，甚至还产生了酸痛的躯体反应。我知道这是为什么，因为我想到了我的父亲，他就是一个不注意言语的人。为此，我整个青春期都很酸涩，时不时会引发身体的酸痛。

我父亲没有接受过学校教育，从事的又是体力劳动，他身上有劳动人民的朴实善良，但同时也言辞粗俗。他不仅在私底下说话粗俗，在大庭广众之下也不注意言辞。他觉得这一切都很正常——好多人都这样。

我父亲现在也没改变自己。我母亲已经不在意了，只要他健康就好。我也不在意了，只要他开心就好。但我以前是很介意的，总觉得有这样一位父亲令我很没面子。

我理解学生，是因为我有类似的经历，能够感同身受。那么，言行粗俗的父母，究竟会带给孩子哪些隐性的伤害呢？

（1）让孩子在老师和同伴面前很没面子。我曾经带了一个班，总有几个孩子的家长不来开家长会。我很纳闷，打电话问家长："收到我发的信息了吗？"家长回答"收到了"。我再问："让孩子带回去的邀请函有拿到吗？"

家长回答"拿到了"。"那怎么没来开家长会呢?"家长委屈地答道:"我是很想来的,可孩子不让我来啊。"

我转头问孩子干吗不让家长来开家长会。孩子先不回答,被我追问得狠了才告诉我缘由:"我爸妈说话超大声,不看场合不看对象,接电话像打雷,恨不得所有人都听见。我妈乱扔垃圾,我爸总是抽烟。他们要是来开家长会,被老师和同学的家长看到,我的面子没地方放。"

(2)孩子也可能会慢慢被家长熏陶成粗俗之人。父母是孩子的第一任老师,孩子自然是有样学样。从教30多年来,我家访过成百上千的家庭,发现那些说话缺乏场合感和对象感的学生,家里基本上都有一个说话很粗俗的人。耳濡目染,长期熏陶,再好的孩子也会变得很糟糕。

(3)令孩子的生命缺乏底气。他们会经常觉得自己的父母不够好,跟别人的父母没法比,也因此觉得自己不够好,不配拥有更好的东西。有些孩子总是有些畏缩,经济条件不是主因,主因是各自的父母存在很大的差异。

生命的底蕴不同,涵养出来的底气自是不同。我也算是个勤学不倦的人,既有自发的阅读,也有自觉的阅读。我努力地挤走生命里那个粗俗的自己。但一到紧要关头,我生命深处的粗鄙之气就会不经意间冒出来。

孩子们正处在迷茫、困顿、多思、敏感的青春期,他们的经历不丰富,阅历不厚实,储备的知识也很浅薄,他们在纠结、郁闷、不甘的青春期里踽踽独行。这期间的痛苦、压抑、沉浮,甚至撕裂,又有谁知道呢?谁关心过他们生命的损耗、灵魂的灼伤呢?

每一位父母都应该反思:我有没有对孩子的成长充满敬畏?我是否向孩子呈现了糟糕的一面?我的孩子心里有哪些隐秘的伤痛?有哪些不经意留下的暗伤?

16. 管教过于严苛会有哪些后遗症

不少父母信奉"棍棒底下出孝子"的说法，于是对孩子进行全面管制，不准这样，不准那样。孩子出了问题，做父母的不是给予严厉的苛责，就是无情的打骂，似乎只有这样，才算是尽了父母的管教之责。

父母希望通过严苛的管教让孩子成龙成凤，这种想法当然没有任何问题，但过犹不及，严苛的管教固然可以让孩子成才，但也有不少孩子在严苛的管教之下留下了难以修复的心理伤疤。

那么，严苛的管教究竟会产生哪些后遗症呢？

第一，可能使孩子形成多重人格。

我讲一个我教过的男学生的故事吧。

男学生的妈妈是个机械工程师，工作能力非常强，数理化特别棒，但性格特别火爆，对儿子要求特别严格。儿子圆满完成任务，做母亲的没有一句赞美话，而是冷冷一句话甩过来："我就是闭着眼睛都能做好，你这算什么本事？"儿子若是没有按照她的要求完成任务，轻则全盘否定，重则棍棒伺候。这个男孩也是够可怜的，不仅妈妈对他非常严苛，爸爸对他也很严苛，犯了错误基本都是"男女混合双打"的可悲结局。

那么，这个男孩是不是如他父母所愿成龙了呢？未来很难说，但至少目前情况不佳。他在父母和亲戚面前简直就是"仁义礼智信、温良恭俭让"的完美少年。可他父母和亲戚不知道的是，他还抽烟、喝酒、打架，甚至去纹身。在学校与同学相处，脾气特别火爆，遇到陌生人，一言不合就想打架。我跟他父母交流孩子在外面所做之事时，开始他父母还以为我在夸大其词，后来别人家父母找上门去,他们才知道儿子是个"多面派"。

这样的案例虽然不多,但在我所教过的学生中也出了十几例。父母都是好父母,就是对孩子太严苛,孩子也不是坏孩子,但最终长成了一个自己都觉得讨嫌的人。

这个案例警示所有父母,不得当的严苛很有可能会让孩子形成多重人格。

第二,在父母严苛管教下长大的孩子,本身也容易习得武断、粗暴、以自我为中心的坏毛病。

我遇到过这样的学生:什么都要以他说的为主,别人一发表意见他就会打断,别人一反对他就急。在他的价值体系里,谁的拳头硬,谁就占了道德的高地。

这样的孩子在班级里的人际关系很差,甚至面临被孤立的局面。有句俗语说,"惹不起躲得起",成人世界如此,孩子世界也是如此。

第三,性格内向,孤僻,缺乏自信。具有这类特点的学生最多,当然,不是所有内向孤僻的孩子背后都有严苛的父母,但严苛的父母确实很容易养出这样的孩子。我曾多次家访过具有此类特质的学生,父母之中多半有一个对孩子特别严苛。这类孩子的性格本身比较平和,有些还很善思、敏感,他们受到严苛对待不敢朝外攻击,而是攻击自己。

第四,形成骨子里的胆怯,导致不敢主动,容易玻璃心,成为一个色厉内荏的人。我在浏览一些青少年常去的网站时看到,很多网友表示父母的严苛管教导致他们骨子里的胆怯。这一说法我表示认同,因为我见过不少这样的学生,他们做什么都害怕,上课不敢回答问题,因为怕出错被指责。运动会不敢报项目,因为害怕不能胜任被嘲笑。喜欢的异性不敢追,因为怕被羞辱。老师和同学说者无意,他们经常听者有心,莫名其妙地联想到很多与本意相左的意思,然后怨天尤人或者自怨自艾。

第五,留下难以自我突破的心理阴影。这一点我个人有深刻体会。我有18年的农村学校工作经历,在这18年里,我在打麻将成风的环境里卓尔不群。很多人以为我很自律,能坚守初心,其实这些都是瞎猜。我之所以坚决不打麻将,并且也学不会打麻将,是因为小时候的遭遇导致我得了无法治愈的心病。

  我小时候跟小伙伴玩扑克牌，论了输赢。这件事恰好被我父亲得知，他认为我是学生，又是女孩子，竟然赌牌，简直罪大恶极。于是，他反绑了我的双手，押着我游了一圈钟家大院子，还给我贴了一张"败家子"的标签。我的自尊受到了极大的伤害，但是我不能攻击父亲，也不愿意攻击自己，于是转而攻击类似的麻将。从此，我对麻将恨之入骨，对打麻将的人百般看不起，我找老公的标准之一就是不可以打麻将。

  我也曾试图冲破这个心理障碍，跟着我的同事学习打麻将，可是，我一打麻将就头昏脑涨，反应迟钝，甚至连视力都减弱了，只好逃离了麻将桌。

  父亲对我的严苛不仅给我留下了心理阴影，也使我这一生都不敢跟他亲近。我尊重他，也孝敬他，扪心自问也爱他，但就是不愿意跟他靠近。不论是身体，还是精神，我离他都很远。

  父母教育子女，把握尺度很重要。可以严格，但不要太苛刻；可以责骂，但不要咒骂；可以否定，但不可以全盘否定；可以不赞美，但不可以冷言打击……父母的成长，除了依靠书面学习以及经验传承，还要在实践中摸索。多读书，多向身边的好父母学习，多听专业人士的意见，多在实践中探索温和却有效的教育策略，谁都可以成为好父母。

第二辑 ▷

青春期父母实践课程：
有行动才能有效果

1. 父母怎么做，孩子"早恋"的可能性比较小

学界并未对"早恋"一词进行明确的界定。就我个人的认知来讲，感情来得早，还是来得晚，跟个体感情世界的需要有关，早来晚来都属于正常情况。

既然大家都习惯使用"早恋"一词来表达未成年人的感情，那么我就从通常意义上来分析一下何谓"早恋"。

通常意义上讲，人们把符合以下三个条件的男女感情称为"早恋"。

（1）年龄在 10 岁至 18 岁之间。这个年龄段正好是一个人从青春前期到成年的懵懂时光。这个阶段的孩子身体迅速发育，内部各种激素大量分泌。在激素的刺激下，孩子就会对异性产生好感。由于此阶段的孩子年龄尚小，经验欠缺，心智幼嫩，他们一旦涉足男女感情，基本上会遭到老师和父母的反对，成人就会把这个阶段产生的男女感情称为"早恋"。

（2）心智不成熟。虽然孩子的成长存在差异性，但总体来讲，现在的孩子心智发育都远远滞后于身体发育。心智不成熟的人，处理感情问题很难理性。这种心智不成熟的人，谈情说爱都属于"早恋"。

（3）在读中小学生。在读中小学生显然属于未成年人，未成年人谈恋爱，在多数老师眼里，就是"早恋"。

通常来说，男女之间符合上述三个条件，并且彼此之间已经明确恋爱关系，以情侣模式相处，这就是"早恋"。

那么，"早恋"一定有害吗？那倒未必！我见过不少"早恋"的孩子，"早恋"并未对他们的人生造成重大伤害。当然，我也见过不少"早恋"的孩

子，确确实实被"早恋"伤得很深。不过，从我多年的教育实践经验来看，虽然"早恋"未必有害，但风险很大。孩子若因陷入"早恋"错过成长，实在是得不偿失，毕竟不是所有的成长道路都可以重新走一遍。对于孩子自身来说，他们也知道"早恋"弊大于利。

既然明知道弊大于利，为何还是有很多步入青春期的孩子会陷入"早恋"的泥淖呢？究竟什么样的孩子容易"早恋"呢？

（1）缺乏异性父母关怀的孩子。如女孩没有父亲的陪伴与疼爱，男孩没有母亲的关心与爱护，一旦遇到能够欣赏、包容、关心他们的异性，就很容易把对异性父母的依恋之情转移到关心他们的异性身上。

（2）天生多情的孩子。这类孩子感情细腻，天生多情，一旦步入青春期，多巴胺就会猛烈释放，于是对异性产生好感，爱情自然而然就发生了。

（3）父母关系不和睦的孩子。父母关系不和睦，家庭缺少温暖，孩子每天心烦意乱，就会找人倾诉心中的烦闷。这类孩子一旦遇到能倾听、善包容，还能安抚其情绪的异性，就容易产生感情依赖。

（4）喜欢盲目模仿跟风的孩子。看见别人都成双成对，自己也想尝试。这类孩子好奇心重，又没有什么主见，也不会分析利弊，更不会做长远打算，往往会谈个"假恋爱"。

（5）喜欢在同性面前显示优越感的孩子。这类孩子认为能谈恋爱显得特别有本事，尤其在同性面前感觉很厉害。因此，他们一旦喜欢某位异性就会死缠烂打，并且还到处炫耀。

（6）征服欲很强的孩子。这类孩子从小争强好胜，小时候争玩具，比学习，进入青春期，又会攀比有没有博得异性的好感。

（7）性格好的孩子。这类孩子自己未必想谈恋爱，但因为性格好，颇受人青睐，他们往往招架不住，被动恋爱。

（8）从小被父母用爱与理解养出来的孩子，会阴差阳错地谈一场恋爱。但是我可以很肯定地说，这类孩子对待感情很认真，也很理性，听得进大人的建议，会设定适当的界限，并且还能令彼此的利益最大化。

（9）主观上没有"早恋"的倾向，但是因为跟异性相处甚密，被调皮的孩子们强行拉到一起，最后在"舆论"的影响下走到了一起。这类被"早恋"的孩子有修成正果的,但更多的是分手告终。

不过,无论我多么理解孩子的感情世界,客观上还是不赞成中小学生"早恋"。爱情是一柄双刃剑,既可以给男女双方带来快乐,也会给彼此带来伤害。爱情是人世间最永恒也是最复杂的命题,许多成年人处理不当都会遍体鳞伤,何况是心智不成熟的未成年人?

既然中小学生谈恋爱弊大于利,那么,家长该如何做,孩子才不会陷入"早恋"的泥淖呢?

(1)努力营造和谐、温馨的家庭氛围。孩子生活在一个和睦、有爱、民主的家庭里,感情世界就会很饱满,即便身体发育令他们困惑,情感上也不会饥渴,行动上能稳得住。以我30多年的教师生涯来看,但凡生活在和睦、有爱的家庭里的孩子,中小学阶段一般都不会谈恋爱。即便谈了恋爱,也会很真诚地付出,很理性地相处,不会给自己以及对方造成伤害。

(2)异性父母必不可少的陪伴与关爱。父亲是女儿在这个世界上近距离相处的第一个异性,也是她在这个世界上最值得信赖的人。如果父亲能在女儿的青春期用心守护,指导她如何与异性相处,那么这个女孩就不会因为缺爱而随便谈恋爱。母亲是男孩在这个世界上近距离相处的第一个异性,也是他今后找伴侣的范本。如果母亲与儿子关系疏离,甚至交恶,儿子内心深处的小男孩没有得到足够的呵护,就会去寻找另外的女孩来求关心。

(3)不要让孩子太早离开家庭。16岁以前的孩子,最好跟父母同住,不要被那些"早离家早独立"的说法忽悠。孩子离家太早,情感一般都很匮乏,尤其是男孩,可能一辈子都会存在情感空洞。儿子14岁时,我独自一人来到深圳,仅半年时间,他的情感世界就状况频出。半年后,我们一家团聚,他的情感世界才步入正轨。上高中时,我尊重他的意见,留在本校就读,一日三餐在家解决,晚上也不用住宿。事实证明,我们的选择是正确的。目前,我儿子的情感世界饱满健康,对人充满善意,处事淡定从容。

(4)开诚布公地与孩子谈感情。很多父母担心跟孩子谈了感情,不但没有令孩子在感情上止步,反而让他们更好奇,更想去尝试。我们跟孩子谈感情并不是要他们止步,而是要让孩子们看到感情的美好和不美好,弄清楚自己能否理性地处理好双方的关系,即便能掌控得了自己,又能否控制得了别人？只有真诚地与之探讨感情，并给予行动上的得体指导，甚至向孩子分享自己的感情史，才能赢得孩子的信任，规避在追求男女感情时的伤害，降低男女交往的风险。

如果孩子已经陷入"早恋"的泥淖，也不必恐慌。父母要心平气和地接受孩子的感情，告诉孩子这是作为一个人的正常需求，但必须学会保护自己和对方。比如交往要有边界，不可以影响自己和对方的学业，该认真听课就认真听课，该好好写作业就好好写作业，互相鼓励，彼此监督，用优异的成绩来书写一段爱情佳话。

心智成熟的父母一定要明白一个道理，那就是一个身心发育正常的孩子，情关是躲不过的。既然躲不过，不如找到正确的按钮，把这个关口打开，大大方方地往里走，或许能看得更清楚，走得更稳当。当然，父母的陪伴与帮扶极为重要！

2. 父母怎么做，孩子才喜欢回家

现在有很多青春期孩子放学之后不愿意回家。他们要么滞留教室，沉迷学习不能自拔（其实是心不在焉）；要么闲逛街头，看车来人往（其实是漫无目的）；要么藏于咖啡厅，玩手机游戏（其实是内心空虚）。明明放学路就是回家路，为何很多孩子有家不回呢？是因为要心理断乳，刻意回避那个安乐窝，还是因为家里缺人气、少温暖，刻意游走家门外？在对青春期孩子进行深度调查后，我总结出青春期孩子放学不愿意回家的原因，有如下三条。

（1）家里空无一人，太冷清，让人觉得害怕。父母工作繁忙，应酬多，回家时间往往滞后于孩子。孩子回到家觉得冷清，又不知道做些什么，于是觉得无聊。能够在放学后主动写作业和做家务等待父母回家的孩子也不是没有，但一定需要早期训练，帮助孩子养成这样的习惯才行。问题就在于很多父母早期并没有训练孩子放学回家该如何安排自己的时间。

（2）父母喜欢唠叨，让人心烦。孩子本来怀着好心情回到家，迎接他们的却是各种唠叨。未进入青春期的孩子并不反感这类唠叨，并且也不觉得这是唠叨。进入青春期后，他们就会放大父母的不是，哪怕父母心平气和地说教，多说了两次，在他们听来也是唠叨。比如父母跟他们说话，三句话没说完就扯到学习上去了，孩子要是装聋作哑也就算了，有些孩子偏偏喜欢顶嘴，于是父母特别是母亲，开始各种吐槽：我一天到晚累死累活也没人看见，我付出再多养出来的也是白眼狼，我在外面受气受累，回到家还要看人脸色……好不容易吐槽完毕，接下来就是责备：你看你，懒得连扫帚倒了也不扶；写作业磨磨蹭蹭，一心就想着玩手机；十几岁的人了，还不懂事，一点包容心都没有，就只知道跟弟妹争吵……责备完了，就把自家孩子与别人家的孩子进行比较：你看你，哪一次考试超过你班上的范某某、古某某？二舅家的大表姐，只比你大一岁，人家不仅学习好，家务也做得好，对人也热情，招呼应酬，哪一样做得不好？你呢，就一张嘴巴，能说不能做！……学生说，回到家父母基本都是这种话语模式，听到父母的唠叨，他们就忍不住想顶嘴，想叛逆。

为何以前听话的小宝贝进入青春期后，在父母眼里就那么不堪呢？是孩子变了吗？其实，孩子根本就没变。只是小时候，他们那些不为父母所知的缺点还没暴露出来，现在则赤裸裸地摆在了父母面前。当父母的不能接受孩子突然暴露出来的问题，又不知道怎么办，就只有不停地说教和责备。孩子无法改变父母的做法，只能逃离家庭。

（3）幼小弟妹的干扰，让人容易愤怒。一些多子女家庭，通常会要求大孩子让小宝，可又不好好约束小宝。小宝特别霸道，总是欺负大孩子。大孩子要是表达不满，就会遭到父母的责骂，甚至还有人格上的贬低。比如"你身为哥哥姐姐，就该让着弟弟妹妹"。弟弟妹妹有父母撑腰，越发放肆，于是大孩子为了躲避这些麻烦，就会找各种理由不回家。

那么，父母如何做，孩子放学后才愿意欢天喜地往家跑呢？

（1）让厨房里的锅碗瓢盆响起来。家里没有烟火气就没人气，家里冷冰冰的，谁都不愿意待。因此，父母下班后，不妨去菜市场买些孩子爱吃的菜，在厨房里奏一曲锅碗瓢盆交响乐。孩子回到家，闻到菜肴的香味，看到妈妈或爸爸扎着围裙在厨房忙碌的身影，心里就会滋生出对家的依恋、对父母的热爱。我儿子在上大学前，不论我和他爸爸多忙，每天都要回家做一餐饭，一家人美美地享用一番。因为有爸妈做出来的家常菜吸引着孩子的胃，不论他走多远，一有时间，就急不可耐地回家。家里有菜香，还有笑声，身体和心理都能得到滋养，为什么不回家呢？但凡父母乐意在厨房忙进忙出，能满足孩子的味蕾，这个孩子不论走多远，都能循着香味找回来。

（2）少讲道理，多做事情。智慧的父母一定知道，面对青春期的孩子，要少讲道理，多做事情。这并不是要求父母当哑巴，而是少向孩子讲道理，不向孩子吐槽，不随意责备孩子，就事论事，长话短说，说完就干该干的事。当然，干活儿时也可以向孩子求助，把孩子卷进劳动中，有助于亲子关系的和谐。我儿子上初中时，有点小叛逆，我从不给他讲道理，而是跟他分享我最近读了什么书，获得了哪些启发，接下来打算怎么调整自己，把自己变得更好。分享完毕之后，我就会说我要干活了，不然我所有的美好愿望都会成泡影。我也会请他帮我干活，比如我做了饭菜，就会说我好累，请他帮忙洗碗，儿子就会欣然应允。我的"无道理、无吐槽、无责备"的"三无"教育原则，将儿子所有的叛逆都赶跑了。

（3）帮每个孩子定好位，避免越位。古人早就说过"长幼有序"，老大就是老大，该有的威权一点儿都不能少。老小就是老小，该守的规矩绝不可以突破。把兄弟姐妹的秩序理顺之后再强调兄友弟恭，姐妹情深，这才是避免手足矛盾的正确方式。孩子之间发生矛盾，父母作为调解方，必须一碗水端平，理性地就事论事，公平地划分责任，不强迫大孩子必须无条件忍让小宝，也不强求小宝必须听哥姐的，各自站好位置，做好自己的分内事。

（4）夫妻要和睦，努力营造温馨的家庭氛围。这一点我不细说，因为大家都明白，没人愿意待在一个父母总是吵架的家里。家庭温馨，需要夫妻双方共同努力经营，否则就会给孩子造成压力。

（5）满足孩子的合理需求。什么是幸福？范伟在其主演的电影《求求你，表扬我》里面有一句关于"幸福"的台词："幸福就是我饿了，看别人手里拿个肉包子，那他就比我幸福；我冷了，看别人穿了一件厚棉袄，他就比我幸福；我想上茅房，就一个坑，你蹲那了，你就比我幸福。"也就是说，所谓的"幸福"，就是合理的需求能得到满足。很多孩子之所以在家里感受不到幸福，就是因为他们的很多合理需求得不到满足。比如爱，比如理解，比如尊重，比如一双球鞋、一条裙子……既然在父母那里得不到满足，那孩子可能就会寻求其他路径。

总之，想要孩子放学及时回家，家里要有温暖、安全、体谅、和睦、尊重才行，这些是吸引孩子回家的法宝。正如张文质老师所说的，家里要有奶和蜜，孩子才能感到被接纳和爱，他们才会心甘情愿回家。

3. 父母具备哪些素质，容易教出爱学习的孩子

我这里所说的"学习"是指狭义的学习，特指学生到学校跟着老师学习课本上的知识。

我见过很多孩子到了青春期特别不爱学习。这些不爱学习的孩子都有一个共性：一说起玩，眼睛就发亮，整个生命特别舒展；一说起读书写作业，眼睛就发暗，整个生命状态特别颓丧。

中学阶段的知识难度加大，有一些孩子学习起来的确很吃力，在老师看来很简单的知识点，在他那里就非常难。

其实，真正令人担忧的是：大部分不爱学习的孩子，脑子其实挺聪明，记忆力也不差，小学基础也不薄弱。明明只要用心学习，学习成绩就上去了，可他们偏偏就不想学。

对此现象，我起初也很纳闷：为何这些看起来很聪明的孩子，就是不爱学习呢？说起"知识改变命运"这个道理，他们个个都能说得头头是道，可是一旦落实到具体行动上，他们就当"逃兵"了。

我家访了很多厌学孩子的家庭，发现了这些孩子的父母有这样的特点：

（1）心智不成熟，喜欢情绪化表达。有些父母比较情绪化，与孩子交流的时候也不太注意控制自己的情绪。比如向孩子抱怨社会的不公，吐槽同事的不良，还经常跟孩子赌气，耍小性子。

（2）只讲大道理，自己不行动。部分父母习惯给孩子讲许多做人做事的道理，自己却不见任何行动。所谓言传不如身教，这样显然不会有好的效果。

（3）不追求个人成长。部分父母沉迷逛商场、打游戏、刷视频，唯独在自我成长这条路上止步不前，所以在孩子面前也没什么底气，不敢对孩子有所要求。

（4）从不读书，也不与时俱进。家里各式家具应有尽有，但是见不到书柜。很多父母自打从学校毕业，就没再读过书。

我有个学生，说他最大的愿望就是爸爸出去工作。我听后觉得有些匪夷所思，吃惊地问道："你确定你说的是真话？你们一家子吃什么？"学生说："我爷爷奶奶有退休金，妈妈在上班，爸爸被妈妈逼得紧了，就出去打几天短工，不逼就在家里玩。"说这话的孩子自然也是不读书的，他还跟爸爸组了队玩网游，父子俩玩得不亦乐乎。孩子的母亲还算有些上进心，但公婆溺爱儿子和孙子，她很无奈，却又没有能力推动家里两个没有上进心的男人，夫妻关系和母子关系都挺紧张。

（5）对孩子放任不管。找他们谈话，他们往往会说：儿孙自有儿孙福，我这是顺其自然。顺其自然的结果就是，极少数天赋异禀的孩子确实天生就具有自我教育的能力，他们能够"兵来将挡，水来土掩"般野蛮生长。但是大多数孩子因为父母的顺其自然失去了更多的成长空间。

（6）缺乏人生追求。很多家庭幸福的父母也教不出喜欢学习的孩子。为何？因为在这些父母的价值体系里，快乐就好，其他都是浮云。既然是浮云，追求它干吗呢？人都是有惰性的，孩子更甚。既然父母都不愿意对孩子有所要求，孩子对自己又能有什么要求呢？

反过来说，有些孩子，虽然智力平平，也会很勤奋地学习。有些孩子的父母学历并不高，也不是特别聪明，工作很一般，家庭谈不上富裕，但他们懂得努力学习。当然，也有很多孩子，家境殷实，衣食无忧，仍非常努力地学习。那么，这些孩子的父母都具备哪些素质呢？

（1）认真工作，热爱家庭。不论是自己开公司，还是给别人打工，他们都认真对待自己的工作、生活、家庭。在单位，他们是一把好手；回到家，他们把家庭经营得风生水起。走进这样的家庭，不论是富丽堂皇，还是简陋粗糙，你都能感受到一种正能量，很温馨，很温暖，很上进。用孩子自己的话说，生活在这样的家庭，不好好学习，不认真生活，就对不起自己的父母。

（2）热爱学习，勤读不倦。我的一个女学生的妈妈，早年因家庭贫困，读完初中二年级就来深圳打工了。别看她学历低，但写得一手极漂亮的字，眼界特别开阔，认知水平也很高，人际关系理得相当顺，工作能力超级强。为什么？虽然她因贫辍学，但从未放弃过学习，还通过自修拿到了大专文凭。她的女儿自然也是一个爱学习的孩子，因为她想活成妈妈的样子，成为自己人生的主人。

（3）心智成熟，情绪稳定。这类父母为子女想得深，看得远，未雨绸缪，给孩子的成长路做了许多铺垫。他们深信，父母之爱子女，必为之计深远。他们的情绪特别稳定，不会轻易发火，心态很阳光，不会随意抱怨，解释风格很积极，看人看事，都能从积极、正面的角度去理解。他们跟孩子的沟通也很顺畅，亲子关系非常和谐，但又有一定的边界。

（4）敬畏知识，敬重老师。他们对知识怀有敬畏之心，所以要求孩子一定要认真学习，知识是让一个人变得更好的关键要素。他们对老师特别敬重，把孩子交给老师，就愿意信任老师。即便产生了误会，也是有礼有节地沟通，绝不会无理取闹。

（5）与时俱进，不甘落后。我现在的教室里坐着一匹"黑马"。这匹"黑马"最初进到我班，很不起眼，这两年却一路花开，高歌猛进。很多人，包括孩子的父母，都认为是我的功劳。平心而论，这其实是他父母的功劳。因为他的父母很上进，在工作上出类拔萃，工作之余还参加各种形式的学习。很多来深圳务工的父母想要给孩子弄个深圳户口，真是千难万难，可这对夫妻因为好学上进、不甘落后，快速达到了落户的各种要求，最终在孩子中考前把户口解决了，给孩子争取到了更好的成长平台。

（6）善纳意见，知错能改。很多父母在孩子面前犯错了是不愿意承认的，好的意见也不愿意采纳。那种乐意接受孩子意见、错了愿意改正的家长，他们的孩子除非智力跟不上，否则绝不可能成为不学无术之徒。

（7）严而有度，行必有矩。对孩子严格，但不苛刻，以孩子能接受为度。对孩子的教育始终采用正面管教的策略，温和而坚定。自身的行动以及孩子的行动，都是有矩可循的。也就是说，这样的家庭里，一般都制定了所有家庭成员能接受的家规，因此家风甚好。

（8）榜样示范，共同成长。父母本身就是一本行走的教材，时刻都在身体力行地为孩子做示范。榜样父母的做法，不是只帮助孩子成长，而是力图与孩子共同成长。

不管说多少，最后都会回到一个道理上：父母要加强自我修炼，唯有如此，孩子才能成长。

4. 父母如何陪伴，孩子才领情

我们常说，陪伴是最长情的告白。很多父母也认同这个观点并身体力行，但经常事与愿违。父母所谓的无私陪伴，孩子根本不领情，是孩子没心没肺、不知好歹，还是父母陪伴时存在一些孩子根本不接受的做法呢？

很多孩子向我吐槽："老师啊，千万别忽悠家长陪伴我们啦，我们受不起。他们的陪伴不仅不能让我们安心学习，还成了焦虑之源。"这就奇怪了，家长费时费力费感情陪着孩子，反倒落了一堆不是。这究竟是为什么？我们听听孩子的心声就知道个中缘由了。

（1）陪伴变成了监视。父母打着陪伴的名义，行的却是监视之事。比如孩子使用手机上传作业时，父母故意装作不经意地走到身后瞟一眼，目的就是看孩子是否在借机利用手机玩游戏或聊天。又如，孩子虚掩房门写作业时，父母借送牛奶、水果之际，招呼都不打就破门而入，进去就到处瞧，好像孩子在干不可告人的事似的。这种类似监视的陪伴，很多孩子是发自内心的不接受。

（2）陪伴变成了干扰。有些父母在陪伴孩子时，毫无顾忌地大声讲电话，看电视超大声，孩子想要专注地看书、写作业都不行。有的父母还会为一些芝麻绿豆大的小事当着孩子的面吵闹不休。孩子们说，这种干扰式陪伴，没有最好，最起码还可以图个清静。

（3）陪伴变成了自嗨。孩子静悄悄写作业，父母在客厅看视频、打游戏……玩得忘乎所以。提醒他们不要制造噪声，他们还振振有词地说道：我们也得有自己的人生啊，不能你写作业，我们就在这里当傻瓜吧？既然父母要放飞自我,作为弱势群体的孩子只能有苦难言了。

(4)陪伴变成了责骂。看见孩子写作业磨蹭,或者心不在焉,就开始责骂:你怎么做事慢腾腾的,还懒得出奇?这些父母说出来的话,全部是对孩子否定的价值判断,会对孩子的心灵造成伤害。

(5)陪伴变成了喋喋不休地讲道理。给孩子讲现在成绩不好,今后在社会上就吃不开的道理,讲不读名校就找不到好工作的道理,讲沉迷手机今后就没有前途的道理,讲对异性产生好感就要变坏的道理……总之,随手一抓就是大把道理,说得言之凿凿,头头是道,可孩子听了很反感。

(6)陪伴变成了抱怨。有些父母陪了一段时间后见收效不大,就开始向孩子抱怨:为了你,我很久都没出去逛街了,以前一起跳舞的姐妹都不认识了,喝茶会友都不知道是几百年前的事了,你还在这儿不满意,我到底是为了谁啊?孩子听着这些抱怨,心烦气躁,情绪失控时就会向父母发飙,亲子关系就恶化了。

没错,这些父母都在花时间陪伴孩子,但这是低质量的陪伴,不仅起不了积极作用,还起了反作用。孩子小时无力反抗,但当他们进入青春期,认知水平提高了,精神和心理都逐渐独立,就不领情了。既然如此,那孩子是不是就不需要陪伴了呢?我的答案是,肯定要!只要孩子一天没成年,父母都要给予陪伴。那么,如何陪伴,孩子才领情呢?

(1)陪吃饭。吃饭就好好吃饭,饭桌上不谈工作,不谈学习,就谈美食,赞厨艺,分享各种喜事、趣事。很多父母一上餐桌就开始教训孩子,吐槽同事,针砭时弊,一顿饭吃下来,孩子不是满心欢喜,而是如履薄冰。

(2)陪玩耍。既然陪孩子玩耍,就要把手机放一边,把工作上的烦心事藏起来,一心一意与孩子玩,参与到孩子的世界里,而不是做孩子生命的旁观者。我儿子小时候,我们夫妻俩陪他躲猫猫,与他一同钻柜子、爬窗户,还与他一起捉知了、做鸟笼。在陪儿子玩时,从未出现过儿子在一旁玩,我们在一旁看的现象。我们不仅有身体的亲密接触,也有生命秘密的交换,更有生命在场的加持。

(3)陪学习。说到陪伴孩子学习,很多家长特别恐惧,摇头摆手拒绝道:现在的课本知识太深了,我根本弄不懂啊。我所说的"陪学习",并不是要家长跟孩子学一样的内容,而是孩子在学习时,家长也要同步学习。学什么?学习提升自己专业能力的知识,读一些提升自己认知水平的书,在网上购买一些利于持续成长的音频课程。你只需要用自己的行动告诉孩子,你是一个不甘落后、积极上进的人即可。你不需要帮助孩子成长,只需要与孩子一起成长,这对孩子就是一种无声的教育。

父母在陪伴孩子时,还要注意做到以下四点:

(1)孩子倾诉时,父母要认真倾听,并做出及时、准确的回应。比如,孩子回家跟父母说,班上有同学故意惹他,父母千万不要主观臆断地说:一个巴掌拍不响,你不惹他,他会惹你?孩子之间,真的就有你不惹他、他专惹你的事。父母正确的做法是问孩子:你的心情是不是特别不好?孩子就会说:是啊,心情很恶劣。父母继续问:那你有没有想到什么好办法调节你的坏心情呢?如果孩子说没有,那么父母可以带孩子去吃一顿大餐,或者看一场轻松的电影,再或者去球场运动一下。待到孩子心情好转,再告诉他,爸妈永远相信他,坚决站在他背后做他强有力的后盾。

(2)孩子高兴时,父母要跟着一起高兴。分享孩子的快乐就是对孩子最真情的在意。有些父母的情绪感知能力确实令人担忧。孩子取得优异成绩喜悦时,父母就一瓢凉水浇过去:得意个什么劲儿?小心乐极生悲!千万记住,不要做扫兴的父母。

(3)孩子失败时,父母要及时鼓励。不要相信"置之死地而后生"这种话。孩子的内心没有我们想象的那么强大,孩子失败了,不要太多说教,摸摸头,拍拍肩,抱一抱,真诚而坚定地说:有爸妈在,一切都会好起来,我们一起加油!然后再另择时间与孩子分析失败的原因,陪伴孩子一起度过艰难的时光。父母始终要用自己的行为告诉孩子:哪怕你一败涂地,一无所有,还有父母在这里支持你!父母的鼓励、信任与支持,才是孩子成长的巨大动力源。

(4)孩子求助时,父母要支持。孩子遇到困难能第一时间想到向父母求助,说明他对父母有信心,父母在孩子心中有地位,所以父母要不遗余力地支持。我儿子从小到大,只要向我们求助,我们都会第一时间奔赴现场,哪怕乘船或坐飞机,都要去,绝不会置之不理,也绝不会责骂,更不会为他开脱责任。有一次，他弄坏了同桌的手机，要赔钱，因为囊中羞涩，只得向我求助，我问清缘由，二话不说就掏钱帮他赔了。随后，我和他爸爸告诉他，手机是他弄坏的，该承担责任的是他本人，父母借钱给他赔偿了，这个钱要从他的零花钱里扣。鉴于每个月零花钱有限，我们可以采取分期扣款的方式来结清这笔欠款。儿子欣然同意，对我们也很感激。

父母随时都在孩子的生命场里，孩子就能感应到父母的真诚和真爱，他的内心就有一种笃定的踏实感和安全感。这样的陪伴，孩子最渴望。只要父母真心陪，孩子就一定会领情！

5. 孩子考试回家，父母怎么说孩子才听得进

每一次考试，都是引发亲子矛盾的时候。引发矛盾的导火索往往不是分数本身，而是父母的不当言语。不妨看看我的学生描述他考试回家与父母发生矛盾的场面：

考试结束，我头重脚轻，身心俱疲，怀着沮丧的心情，拖着沉重的双腿回到家。迎面而来的母亲迫不及待地问我："今天考得怎么样？总名次会不会有所上升？能不能超过你班的某某？"我听着这一连串的询问，心中厌恶至极。在她眼里，我的辛苦不重要，我的付出看不见，只有考试成绩才是最重要的。她关心的只有成绩，而不是我这个人。于是，我心中的愤怒喷涌而出，朝她吼道："你厉害！你怎么不去考？"吼完，扔下一脸懵的母亲，冲进自己的房间，"啪"的一声，狠狠地把门给关上。我听到母亲在客厅委屈地对父亲说："我不过就是问一问，发这么大脾气，有必要吗？"父亲则附和着母亲对我骂骂咧咧："我早就说过，这次考试肯定考不好，一天就知道玩，这么大了也不让父母省心……"我没有理会父亲的责骂，我只是觉得对不住母亲，我为何要冲她发脾气呢？她对我的关怀真的是无微不至，但我就是控制不住自己的情绪。要是不吼一嗓子，我感觉我就要窒息了。

孩子考试回到家，父母忍不住问孩子"考得怎么样"，已经是一种常态。有些孩子情绪比较稳定，脾气也挺好，面对父母的盘问，心里虽然不舒服，但也不至于发火，最多就是左耳进右耳出。有些孩子不仅会面露不悦之色，

还会发脾气。就像上文讲述自己经历的学生，他当时就没有控制住自己的情绪。

一般来说，父母在追问孩子时，觉察孩子情绪的能力以及应对的策略也存在很大差异。

有些父母比较识趣，见孩子被问得不高兴了，赶紧闭嘴忙其他事情去了，得体地避免了一场亲子战争。有些父母看不清形势，明明孩子已经面露不悦了，还步步紧逼，唠叨不停：你要是考不好，上不了好高中，就上不了好大学，看你今后怎么办？……父母无休止地唠叨最终会激怒沮丧的孩子。

孩子在压力大、对自己又不满意的情况下，内心充满焦虑、沮丧、无助的负面情绪。父母讲的道理再正确，也不如孩子内心的感受真实。智慧的父母此时一定不是去关心孩子的考试成绩，而是关注孩子内心的真实感受，并及时呵护和治愈孩子，让孩子感受到父母的爱。那么，父母在孩子考试之后，该如何做、如何说，孩子才听得进去呢？

首先，做几样孩子爱吃的小菜。食物可以让孩子产生满足感、安全感以及幸福感。尤其是孩子爱吃的食物，能治愈他内心的创伤。

其次，孩子考试结束进家门时，父母，尤其是母亲，可以主动向孩子求抱，并柔声问道：累了吧？来，抱一个。母亲的怀抱有巨大的治愈功能，孩子在母亲的怀里就会心有所安，沮丧心情会得到修复。不要认为孩子进入青春期就不要拥抱了。我的学生，即便到了九年级，不论男女，都喜欢我的拥抱。考试前，有些孩子还会到我的办公室求抱抱。我儿子上高中时，每一次考试前，我都会给他一个拥抱，拍拍他的背，考试回来也会抱一抱他，说："战士回家了，战士辛苦了！"我儿子非常喜欢我的拥抱。即便他已经长大成人，遇到高兴事或者沮丧事，我也会抱抱他。因此，我们的母子关系非常和谐。

最后，吃饭时，父母不要主动问孩子考题难不难，考得好不好，而是心平气和地对孩子说：现在又累又饿，咱们吃饭吧，吃好了才有精神对付后面的考试。如果孩子主动说这次考试没考好，父母可以云淡风轻地答道：我们都知道你很努力了，但是考试成绩除了努力，还带有运气成分，只要咱们在过程中努力了，结果就交给运气了。咱们不比一时，咱们比三年、十年、二十年，只要有毅力，这个持久战最后一定赢。好了，什么都不想了，咱们吃饭吧。这个道理讲下来，既有对孩子的信任，也有对孩子的安慰，还有对孩子的鼓励，孩子怎么会听不进去呢？

有些父母平时就喜欢讲一些伤孩子自尊的话，突然讲得这么走心，孩子的心理预防机制立即就产生了：父母这是怎么了，变化这么大？是不是有什么目的？

真爱是装不出来的，孩子也不是傻子，不好骗。父母只有一如既往地对孩子说理解又走心的话、安慰又鼓励的话，孩子才会听之如食甘饴，从耳朵甜到心里，才会对父母又敬佩又热爱，又愧悔又心疼，之后更努力。

有些父母很委屈，说：我能体会到孩子考试不顺的沮丧心情，但我嘴笨，不知道怎么说话孩子才开心。对于这一类父母，我不强求他们违背本意去说一些令孩子觉得很假的话，只需要多关心孩子的身体与生活就可以了，言语表达尽量克制，把话语权交给孩子，做个安静的听众。听的时候，多表达理解与情感的支持，孩子就越加喜欢说，说着说着，就把沮丧的心情说没了。不会说的父母可以省略"说"这个环节，但对孩子在行动上的支持不可以省。

待孩子的考试阴影消除后，父母还要做一件事，孩子才会觉得父母对他这个人很在意。做什么呢？那就是与孩子一起面对考试结果，分析考试取胜或失败的原因。考得好，找出好方法，强化巩固，下一次考试将其发挥到极致。没考好，找出考试时身体、心理有哪些不适，下一次考试前做好调整。还有一件特别重要的事千万别忘记，那就是查找孩子的知识点有哪些漏洞，考虑如何补救，怎么改进。还可以看看学习时间分配是否合理，该怎么针对学科特点科学分配时间。如果搞不定这些事，那就请孩子的学科老师帮忙分析，听取学科老师的建议，配合学科老师，做好家长的分内事即可。

孩子不仅需要积极的语言安慰和鼓励，还需要能真正帮他提升考试成绩的行动与策略。唯有做到这两点，他才会心平气和地面对考试，考试成绩才会稳中有升。

6. 父母该如何为孩子挡"暗箭"

学生小范发信息给我，说要找我聊点家里的事。我迅速赶到与小范相约的地方。她一见我就哭，说自己心情特别恶劣，头天晚上一宿未睡。

这孩子跟我三年，一直以来情绪稳定，心态平和，成绩也很拔尖，为何临近中考，情绪却崩溃了？

小范说，她姐姐在朋友圈发了一个"催婚的给我滚蛋"的动态，妈妈看见了就打电话去责怪姐姐，于是母女俩就在电话里吵了起来。

我说："催婚是你亲戚的事，吵架是你妈跟你姐的事，和你没什么直接关系，你为何伤心呢？"

小范哭着回答："我见我家亲戚老是议论我姐的婚事，想着我今后也要被他们议论，加上我妈妈总是要我大学毕业就结婚，我心里就特别难受。"

我与小范深聊之后，总算明白了她情绪崩溃的原因——姐姐被催婚只是个导火线，真正的原因是妈妈那边的亲戚太多了，聚在一起时总是对她的长相、成绩、前途等进行各种议论与预测，她心中厌烦至极，可是又无可奈何。她希望父母能帮她把这些言语挡回去，可是父母不但不挡，还说她不知好歹，说亲戚朋友们议论不过是关心罢了，这么大人了，连点人情世故都不懂，读书都读傻了。

小范傻了吗？小范可是一个聪明的女孩，她只是被那些淬着"好心"的"暗箭"射中，心中的痛苦难以排遣罢了。

身为父母，不管孩子多大年龄了，都应该责无旁贷地为他们挡住外来的"暗箭"。我目前都是临近退休的人了，我母亲也近80岁了，我家亲戚要是敢非议我，一定会被我母亲骂得狗血淋头。

那么，对于青春期的孩子来说，什么是"暗箭"呢？

随意对其身体、容貌、成绩等进行议论；随意将其与他人的身高、长相、成绩、为人处世等进行比较；随意对其行为进行负面评价；义正辞严地对其朋友圈进行非议；不屑一顾地对其感情进行评价；全然不顾孩子受挫后的情绪，看到的只有孩子的成绩；父母关系不和，总是吵架；亲戚多嘴，总是说三道四；总是怀疑他们在谈恋爱；总是否定他们的努力……

这些都是青春期孩子生命不可承受之重，或许还有更多的"暗箭"没有被我们发现。

这些"暗箭"对于成人来说，真的不算什么，但对于涉世未深、心智发育还不够完善的青春期孩子来说，就是难以承受的痛。这些痛如果叠加太多，超越了孩子的承受能力，他们的情绪就会崩溃。

崩溃通常有两种表现：一种是朝外攻击，就如小范的姐姐；另一种是朝内攻击，否定自己，担心害怕，痛苦不堪，比如小范。

当然，也有一种人能通过积极的解释风格达成自我救赎，快速地从恶劣情绪中走出来，将霜雪满天变为春风拂面。但青春期的孩子，能具备这种能力的太少了。

那么，身为父母，该如何给孩子挡"暗箭"呢？

（1）毫不客气地挡住旁人对孩子的打探。有些包打听的人，会特别好奇别人家孩子的种种情况，比如身高多少、脾气如何、成绩咋样、是否做家务……对于这些打探，父母要有隐私意识，智慧拒绝。

（2）不参与亲戚朋友的猜测与议论。亲戚们总是议论别人家的孩子表现如何，成绩如何，能考哪所学校，找什么工作，挣多少钱，何时结婚……并以学校好差、工作优劣、工资高低、结婚早晚、有无车房来衡量一个孩子是否成功。青春期的孩子通常不爱听这样的议论。面对亲戚的闲言碎语，父母一定要以实际行动保护孩子的自尊心，比如拒绝参与讨论。

（3）阻止一些熟识但并不相关的人的议论。我还记得我刚成年时，便有一些媒婆来找我母亲说媒。我母亲说："女儿感情的事，我不做主，这个得要她自愿才行。"结果那些媒婆到处说我眼光高，今后嫁不出去。我感到很生气，我母亲也很气愤，直接找到那些人宣布："我女儿的婚姻她自己做主，今后不要到我家来了，不欢迎！"于是，我安然无恙地度过了成年后那段快乐的未婚时光。

还有一次，我儿子陪我去参加一个聚会，本来言谈甚欢，随后某位来宾开始对我儿子指手画脚，把我儿子贬得一文不值。我儿子那时是一个刚上大学的年轻人，被他"指教"得不知所措。我立即说道："知子莫若母，我身为母亲，自然知道儿子做得很好，在我眼里，他就是最棒的。"

（4）坚决不对孩子进行负面评价。孩子长期生活在负面评价之中，开始会不满，会抗争，慢慢地就会适应，最后会完全接受：我就是一个很差的人。如此一来，他们就活得非常压抑，久而久之，自信心就被负面评价击碎，精神萎靡，人格畸形。

身为父母，我们要随时警惕，不仅自己不给孩子负面评价，也要为孩子挡住其他人的负面评价。因为当我们的孩子还没成长到独当一面的年龄的时候，父母的保护义不容辞。

7. 如何帮助孩子建立健康的朋友圈

我与一位朋友聊天,问他孩子多大了,他说,读小学一年级,很叛逆。我说,小学一年级的男孩本来就处在叛逆期,很正常,不必担忧。这位父亲表示接受我的说法后又提出了新的疑惑:"我对孩子的陪伴其实很到位,孩子表现也很好,可是自进了小学后,他有了一帮小伙伴,经常跟那些小伙伴玩,反倒越来越调皮。我努力把孩子教好,可别的父母不好好教自己的孩子,最后我的孩子还是受到了负面影响。"

这位父亲的担忧不无道理。我与学生打了几十年交道,确实看到很多孩子因为卷进不良朋友圈而变坏了。那么,孩子在哪些阶段容易被不良朋友圈带坏呢?父母该如何干预呢?

首先,我们要搞清楚孩子究竟有几个叛逆期,各有什么特点。

从心理发育的角度来讲,一个孩子长大成人要经历三个阶段的叛逆期,分别是:

(1) 2—3 岁。孩子长到两三岁,自我感增强,开始觉得自己已经长大了,什么都想自己尝试,不想让他人插手。

(2) 6—8 岁。这个阶段,孩子的自我意识迅速发展。他们获得了自己的生活经验,学到了很多知识,强烈渴望独立自主,渴望证明自己已经长大了。他们经常会说,我小时候怎么怎么,意即在向大人强调他们长大了,不要总想着控制他们。为了证明自己长大懂事了,他们经常跟父母唱反调。

(3) 12—18 岁,这个阶段被称为青春叛逆期。他们的身体趋于成熟,但是精神世界还没完全建立起来,对挫折以及他人的评价非常敏感,经常处于烦恼的状态。当孩子度过动荡不安的青春期，就会平静下来，然后沿着绝大多数人的轨迹度过自己的一生。

孩子在成长的过程中，上述三个叛逆阶段很容易出问题。尤其是他们的朋友圈存在问题，父母跟进又不到位的话，就特别容易走偏。

人是群居动物，谁也挡不住他们建立自己的朋友圈。与其说孩子到学校去读书，不如说去学校找玩伴。既然玩伴对他们如此重要，那么他们被玩伴影响也就不奇怪了。

凡做过父母的都有这样的经验：明明孩子被自己教得很有礼貌，说话也很文明，但是进了幼儿园后，竟然满口脏话，还顽劣不堪。难道幼儿园老师在乱教吗？当然不是！幼儿园老师天天都在强调小朋友要懂礼貌、讲文明、守纪律，可家长看到的就是孩子不乖，不听话。这究竟是为什么呢？

因为孩子进幼儿园后再也不是一个人玩了，他有了人生的第一个朋友圈。

进入小学后，孩子对朋友的渴求更甚，交友的能力增强，朋友更多。如果孩子生活在一个班风不良的环境里，就很容易变坏。古人早就说过"变坏三天，变好三年"。为何变坏的速度远远大于变好的速度呢？因为变坏不用付出任何努力就能做到，并且还很刺激，变好却要付出艰苦的努力，要约束自己的欲望，要与人性中的弱点做斗争，难度太大了。

进入初中，持续时间最长的叛逆期来了，朋友圈的影响也最明显。这个阶段的孩子身体开始长高、长壮，从外形看，逐渐变得像成年人，但他们的心理发育滞后于生理发育，所以在行事时往往冲动、主观、自我，很难从长远角度进行理性思考。如果这个时期孩子交的朋友特别差，并且孩子自身能量较弱，又缺乏主见，价值系统不完善，那么就很容易被身边的坏朋友教坏。

老师们总是爱说"一个问题学生背后一定有一对有问题的父母"，我承认，绝大多数问题孩子的背后确实有一个问题家庭，但也不能一概而论。不论是我的生活阅历还是工作经历，抑或是我从书里看到的案例，都存在"父母有问题孩子没问题，或者父母没问题孩子有问题"的情况。有些孩子天生就具有自我教育的能力，有些孩子就是很容易被外界左右。

那么，父母怎么做，才能帮助孩子建立健康的朋友圈呢？

（1）接受并理解孩子的叛逆行为。不论孩子处在哪一个阶段的叛逆期，父母都不要大惊小怪，而应抱着接纳的态度，理解孩子的心理需求，但要对其行为进行约束。接纳、理解不等于放任不管。对幼儿，说脏话时肯定要明确告诉他，你不接受这种行为，必须改正。对小学生，跟人家打架、泡网吧、学抽烟，家长也要及时干预，坚决说"不"。对中学生表现出来的各种不良行为，家长也要表明自己的反对态度，并监督其整改，但手段不可像对待小学生那样强硬，要温和而坚定。

（2）果断清洁孩子的朋友圈。家长当然无权干涉孩子交朋友，但必须跟孩子明确表态：他们作为未成年人的合法监护人，根据《中华人民共和国未成年人保护法》，必须对未成年人的言行进行适度的监督与管控，对不良行为给予矫正，对未成年人的朋友圈正本清源。

作家刘墉曾在《跨一步，就成功》一书里提到，他儿子上中学时，由于结交了一些损友，形成了一个负能量爆棚的朋友圈，在那个阶段表现很差。他果断将孩子转到了一个校风更好的学校，以拆除儿子的不良朋友圈。后来，他儿子走上正轨，他问儿子为何不再找以前的朋友玩，他儿子回答：因为他们已经不在同一个世界了。

朋辈影响不可低估，父母必须关注孩子的朋友圈，一旦得知他们交了三观不正、品德不佳的朋友，要果断强制隔离。这种事情千万不要依赖老师，因为老师和家长的教育立场是有区别的。家长考虑的是教好自己的孩子，老师秉持的是不放弃任何一个孩子，老师要借助朋辈之中的正面力量将一些走下坡路的孩子拉回来。

（3）给孩子一个温馨、幸福的家。这才是最重要、最有效的方法。当孩子经常看到父母恩爱，每天回到家有美味的饭菜，有亲切的嘘寒问暖，有亲密的肢体接触，有理解、接纳、包容的家庭氛围，他就会很乐意回家，并且在乎家人的感受，那些不好的朋友就不可能完全占据他的内心。

既然青春期的孩子把朋辈关系看得比亲子关系重要，那么父母就顺应他们青春期的心理，主动帮助他们交到更优质的朋友，建立更健康的朋友圈。这样既不会激起孩子的反叛心理，也能引导孩子学会正确交友。

8. 孩子不安分，父母该怎么办

一对夫妻找我咨询，说他们的女儿特别不安分。我请他们描述女儿不安分的行为表现，他们是这样形容的：朋友圈混乱，任性妄为，乱花钱，做事随意，跟男生交往过密，对学习不上心。

这对父母特别想不通的是，他们没有隔代教养，没有撒手不管，没有粗暴对待，夫妻关系和睦，为人宽厚，处事练达，三观周正，为什么女儿就这么不争气呢？她对别人，巴心巴肝，小心翼翼，生怕把人给得罪了；对父母，横眉冷对，粗声大气，爱理不理，从不顾及父母的感受。更可怕的是，父母骂几句还写遗书来吓唬。

这对父母再想不通，自家女儿的那些行为都已经是既定事实了，抱怨有什么用呢？能做的，就是赶紧补救，将伤害最小化，帮助女儿从困境中走出来。那么，这对父母该如何做呢？

首先，母亲要做好自己，该工作工作，该读书读书，把自己活成独立、自信、有追求的女性。

母亲的活法，其实就是女儿的活法。请母亲们牢记一句话：你想把女儿培养成什么样的人，自己首先要成为什么样的人。我小时候生活的地方人文环境非常糟糕。族人之间彼此嘲讽、谩骂、斗殴，明争暗斗，比一些宫廷剧里的有过之而无不及。但是我从小到大不会讲脏话，不会耍心机，不叛逆，不惹事，不邋遢，并且还有自己的小梦想。为什么？因为我的母亲活得很认真、干净、积极，还很有梦想。

她虽是农村妇女，但从不随便骂脏话。她还特别爱干净，虽然我们住的是小土屋，但她收拾得很亮堂、整洁。她穿的衣服很土气，但洗得很干净。她还经常用装开水的搪瓷缸把衣服烫得笔直。她每一天都很努力、认真、精致地生活着。现在的我，就是她的升级版。

其次，父亲要及时补位。家长还要牢记一个观点：孩子在未成年阶段，出现问题是很难自我觉察、自我改正的。父亲要心甘情愿地回到女儿身边，认真、坦诚地敞开心扉向女儿道歉。注意，不是讲道理，而是道歉，告诉女儿这些年爸爸借着养家糊口的理由，打着忙碌的借口，忽略了女儿的成长，错失了女儿的喜怒哀乐，实在是太遗憾了。从现在开始，爸爸不论多忙，都要抽时间来陪伴女儿。这个世界还有什么比错过女儿的成长更遗憾的事呢？

一般来说，爸爸只要真诚道歉，女儿立马就会选择原谅。《狗十三》中的李远，无论爸爸伤她多深，只要爸爸道歉，她都会选择原谅。事实上，父母永远想象不到孩子有多爱自己的父母。

还有就是生命在场的陪伴。每位父亲都要谨记，孩子的教育永远都翻不了篇。说了要陪，就得真陪，说了要关注女儿的喜怒哀乐，就得随时注意女儿的喜怒哀乐，并做出及时、准确的回应。

怎么个陪法？我的答案是生命在场，因为只有这样的陪伴才是高质量的。比如，女儿在家里写作业，你怎么陪？绝不是孩子在一旁辛辛苦苦写作业，你拿着手机聊天、打游戏、看视频。女儿写作业，爸爸最好把手机静音放一边，一起看书学习。再如，带女儿出去吃饭，那就把生意上的往来推掉，把工作上的事暂停，安安心心地跟她聊聊生活，聊聊大千世界的各种见闻，也聊聊自己当下的处境，风光的、颓败的、生动的、乏味的，都可以聊。除非女儿主动聊学习，否则闭口不谈。父亲始终要相信，当你的女儿暗下决心做一个优秀的自己时，她就会重视自己的学习，不需要你跟她讲学习的重要性。

有些爸爸可能会说"我太忙了，没有时间介入女儿的成长过程"，那就换一种方式，让女儿介入你的生命过程中来吧！

比如找我咨询的那对夫妻，父亲开书画培训班，与女儿的休息时间是错开的。既然没有大块的时间陪女儿，那就让女儿介入爸爸的工作状态中去。爸爸可以聘请女儿到培训班当助教，开多少工资父女俩面议，彼此接受即可。我儿子读小学时，他晚上写作业，我就在旁边写作。他不懂，我就停下写作指导他。他写完作业稍作休息就帮我改错字、找病句。我的第一本书，他是第一读者，帮我找了不少错字和病句。我拿到稿费时还分了一些给他。因为他总是读我的文章，所以受到了很大的正面影响，他懂我、敬我、爱我，所以，我教育他就毫不费力。

我儿子在深圳大学就读时，我周末经常外出讲学，很难见到他。于是，我就对他说："要不周末你来接送我吧，往返机场打车费是260元左右，你开我们自家车，油耗、车耗都算我的，我给你300元的打车费。"这笔"生意"这么稳定，并且是净赚，兑现也快，我儿子当然非常乐意。儿子那么勤力送我去机场，除了感情，也有利益驱动。这有什么要紧呢？我反正都要打车，既然儿子能开车，为什么不借着打车这个由头让儿子介入我的生命场里来呢？这样一来，我就可以跟儿子聊聊他的大学生活和感情生活，以及我的工作和见闻。这样的相处模式特别惬意，儿子不觉得我啰嗦，我也不觉得儿子陌生，我们彼此心意相通，我欣赏他，他敬重我。

当女儿跟父亲的关系处于依恋与被依恋、信任与被信任时，父亲就可以跟女儿谈谈男人的世界，谈谈男人对女人的认识与评价，甚至还要谈谈如何判断男性的品质。这些话题由爸爸来跟女儿谈效果比较好，毕竟爸爸是男性，说出来的话可信度很大。

如果家里有二宝，妈妈还可以把二宝当作愈合母女关系的小甜心。向我咨询的那对夫妻，二宝3岁了，跟大宝差了近10岁。妈妈如果跟女儿有了隔阂，完全可以私下教二宝去讨好姐姐。好吃的，送姐姐吃，好玩的，找姐姐去，没事去姐姐那卖个萌，讨个乖。小宝用奶声奶气、甜得齁人的声音呼唤姐姐，再心硬的姐姐也会变得软糯的。当女儿的心柔软了，妈妈再一示弱，女儿会犟到哪里去？

0—3岁，母亲给足孩子奶；3—6岁，母亲和父亲一起给足孩子蜜；6—9岁，父亲陪好孩子，给足盐；10岁以后，父亲务必要走进孩子的生命场，看到他们的忧愁和喜悦、成功与失败，并做出及时、准确的回应。同时，还要帮助孩子建构正确的价值体系，教给他们与同性和异性相处的技巧，为他们制定出身体的界限、道德的底线。这个孩子就算不安分，也不会变坏。

9. 如何帮助孩子做出合情合理的选择

总有不少家长向我咨询：孩子高中选读哪一所学校才合适？孩子中考成绩不理想，是回老家读高中，还是留在深圳读私立学校？高中选偏文学科，还是选偏理学科？甚至还有大学生的父母问我，孩子大学毕业究竟从事什么职业才正确？

我个人觉得这些问题都问得太随便了。首先，问这些问题的父母，有考虑过孩子内心的需要吗？有听过他们的心声吗？孩子处在十字路口，确实面临选择，可这是孩子的选择，不是父母的选择，父母只能根据自己的人生经验给孩子提供建议，也可以根据自己的远见卓识指导孩子依据自己的能力和天赋进行选择，而不是置孩子的想法于不顾，直接按照自己的喜好为孩子做选择。

不管大人怎么选择，最终践行这个选择的是孩子。如果这个选择是孩子心甘情愿做出的决定，并且通过努力就能完成，那么孩子会很努力地去实现。如果这个选择不是出于孩子的本心，并且通过努力又达不到预期目标，那么孩子就会放弃努力，最终变成一个磨洋工的懒散之徒。

因此，父母一定要牢记：当孩子面临人生选择时，父母要做的是建议，而非代替。

我儿子高一第一学期结束，面临文理分科，对于读文科还是读理科，他很纠结。我与他爸爸的看法是：一个男孩子，语文很优秀，数学又不错，从未来就业前景看，最好还是选理科。

我儿子也认同我们的看法，但他表示如果选择理科，对物理和化学没有信心，倒不是完全学不懂，而是不感兴趣。我问他对什么学科感兴趣，他说对历史、地理都很感兴趣，可又担心今后考大学选择面太小影响前途。

任何选择都要付出代价，我儿子很清楚，他想要的，不过是"代价最小、收益最大"的选择。

于是，我上网帮他买了一本《盖洛普优势识别器》。儿子凭借该书提供的网址与密码，上网做了180多个题目，提交后生成了他的五大优势。仔细研读了他的五大优势后，他毅然决然地选择了读文科。

自从我儿子选择读文科后，他的学习之旅变得快乐而有成就感。高中阶段，每一次考试，他都能进步一点点，到高三时，成绩基本保持在文科年级前五名，有时还会冲到年级第一名。2016年，他顺利考进了深圳大学。虽然深圳大学不是"双一流"名校，但是在深圳孩子心中，还是一所很优质的大学，考进去也并非易事。况且我儿子读书期间跟着我东奔西走，动荡不安，光是初中，他就读了5个班，使用了3种不同的教材，英语小学根本就没学。这种际遇下求学的孩子，能考上深圳大学，实属不易，我感到很欣慰。

我儿子说，如果当初不顺应自己的本心选择理科，他可能就"废"了。那么，作为父母，当孩子面临选择时，我们该为孩子做些什么呢？

（1）尊重孩子的意愿。孩子本人想要外出，或者留在附近读高中，这是他的主观意愿，那就尊重。不过，家长要与孩子讨论"外出与留守"的利弊，通过利弊得失的比较，让孩子做出尊重本心的选择。一旦做出选择，就要义无反顾地把选择坚持到底，达到预期目标。

（2）尊重孩子的兴趣。兴趣是最好的老师。这句话虽然老套，但确实有其站得住脚的道理。我为何能坚持不懈地写作？因为我有兴趣。我为何不打麻将？因为我毫无兴趣。孩子的兴趣在哪里，他的心就在哪里，时间也就在哪里。孩子的兴趣在文科，家长仅从就业考虑，就逼着孩子选理科，虽然孩子也能够勉强学下去，但他的幸福感与成就感就少了很多。孩子如果在求学期间感受不到学习的快乐，今后步入职场就是一个拒绝学习的人，他的人生将缺乏可持续发展的能力，很容易产生中年危机。

（3）尊重孩子的天赋。取长补短不如扬长避短，朝着孩子的天赋发展才是正确的选择。我以前有个学生，说起读书考学就头痛不已，但他特别擅长烹饪，无师自通，厨艺远超父母。他父母逼迫他考高中、上大学，他对我说，此生如果不能当个手艺高超的厨子，他一定会得抑郁症。我建议他与父母沟通，取得父母的支持，尊重自己的天赋，去厨师学校学烹饪，毕业以后再拜高师，用实力打出一片天下，以证明自己的选择是正确的。这个孩子按照我的授意顺着自己的天赋发展，已经是五星级酒店的大厨了。现在的他，可谓人生得意，回家起了高楼，宴了宾客，娶了贤妻。

选择比勤奋更重要。作为父母，在孩子位于选择的十字路口时，我们既不可撒手不管，也不可包办代替，而是尊重孩子的本心，根据孩子的特质，协助孩子做出有利于自身成长的选择。

10. 如何才能培养出不令人讨厌的初中男生

什么样的初中男生不令人讨厌呢？实话实说，跟学习成绩没有直接的关系！他们一般具备如下特点：

善良，有同理心，能跟同学和谐相处，能配合老师的正当要求；守规矩，不给他人惹麻烦，不打扰同学学习，不影响老师讲课；做事主动，不偷懒，不说风凉话，乐意为班级争光，为同学服务；偶有叛逆，但懂得收敛，听得进劝告，不跟老师顶嘴。

这样的男孩在班里占多数，他们或许不能成为人中之龙、社会精英，但一定是社会的好公民、国家建设的中坚力量。

还有一种男孩，不仅不令人讨厌，还讨人喜欢，那么他们又具备哪些特点呢？

能量大，三观正，在班里起正面带头作用，有一定影响力，是团队的带头大哥；学习刻苦，心怀梦想，既有男性的阳刚之美，又有温和体贴的阴柔之美；有强烈的责任感，能主动承担班级事务，积极为同学服务；行动力强，心态阳光，不仅有爱心，还有爱的行动；尊重女性，能跟不同性格的女孩自在相处；拒绝懒散，拒绝消极，拒绝霸凌，拒绝一切令人变得丑陋的不良信息。

具备上述六个特点的男孩委实不多，但也并非凤毛麟角。我认为一个男孩能拥有上述六个特点中的三四个，就已经很讨人喜欢了。

那么，父母究竟要怎样做，才能培养出不令人讨厌甚至让人喜欢的初中男孩呢？

3—6岁,这是立规矩的最佳阶段,同时也是培养男孩专注力和忍耐力的有利时机。很多年轻父母在养男孩时存在一个认知误区:认为男孩天性好动、调皮,所以要根据男孩天性来养,不然就会扼杀他们的创造性。事实上,告诉并要求男孩哪些规矩该守,哪些规矩不该守,与培养男孩的创造性是两码事,彼此并不矛盾。比如,孩子在观察蚂蚁时,他趴着观察还是站着观察,随他喜欢;他观察出蚂蚁有何特点,随他表达;他想把蚂蚁怎么着,随他摆弄。但若他在观察蚂蚁时,打骂与他一起观察的同伴,弄坏他人的东西,向陪同他的大人发泄不良情绪,这样的行为就必须制止。那么,父母究竟该如何立规矩,既能保全男孩的想象力和创造力,又能促使他成为一个懂礼、守矩、乐群的孩子呢?

(1)任性骂人不可取,坚决制止。
(2)动手打人不可行,坚决抵制。
(3)抢占偷拿太恶劣,坚决收拾。
(4)撒泼打滚闹情绪,坚决打住。
(5)专心听讲不插话,一定表扬。
(6)忍耐坚持熬得住,必须奖励。

家长对孩子表现出来的行为一定要奖惩分明,有明确的态度、坚定的立场。对的一定要支持,错的一定要反对,故意犯错一定要惩罚。

在男孩的养育过程中,父母必须提供明确的边界和底线,不然,男孩就会像脱缰的野马,破坏力超过创造性。

还有一点很重要,无论多严的规矩,都应该有爱打底。如果是严父在规范男孩,就应该有慈母给予孩子饱满的爱。如果是严母在引导男孩,就应该有慈父做善后工作。

6—12岁,这是男孩社会化过程的初期阶段。父母除了坚持用6岁以前的规矩教育男孩外,还需要对男孩的价值观进行塑造。我们都知道,一个人的行为模式是由他的价值模式决定的,所以此阶段给男孩的精神世界输入正确的价值观非常重要。那么,6—12岁的男孩该树立哪些价值观呢?

(1)要遵守规则。不为奖励,也不为讨谁的欢心,规则必须遵守。
(2)不给他人惹麻烦。给别人惹麻烦必将令自己陷入更大的麻烦。

（3）要与人为善。对别人充满善意，别人才能对自己充满善意。

（4）要做一个努力的人。越努力越幸运，老天一定会奖励积极上进的人。

（5）要做一个快乐的人。自己快乐，才能带给他人快乐。

父母给男孩输入的价值观一定要积极，充满正能量，给孩子的初中生活带来丰腴的成长养料，让男孩那颗激荡不安的心能在失控的青春期找到安居之所。

除了立规矩、树三观外，父母懂得爱孩子也非常重要。那么，怎样才是懂得爱孩子呢？

用心理学者武志红的话说，那就是"看见"。看得见孩子的存在，能感受到他内心世界的真实想法，并做出准确的回应。比如，男孩回家跟父亲说，他最近在球场上跟别人产生了摩擦，心情很不爽，打球没劲，学习也没心思。这种倾诉特别难能可贵，父亲千万不可说"不就打个球，犯得着这么计较吗？你这心眼也太小了吧"，这么一说，亲子关系就出问题了，沟通也因此中断，孩子心中的郁气没有得到释放，就会去其他地方惹是生非。此时父亲要接着男孩的话说：你是不是因与你产生摩擦的男孩关系出现了问题，因此特别郁闷？你总是想着这件事，心情很烦，打球和学习都没心情了？这就是"看见"。男孩在向父亲展示"伤口"的时候被父亲看见了，他的心中充盈了被爱的汁液，就会开心地回应父亲。此时，父亲再询问他是否想到了解决问题的办法。如果男孩已经想到解决问题的万全之策，那么父亲只需给男孩点赞即可。如果男孩还没想到好的解决方案，父亲不妨充当一下男孩的幕后军师，帮助他打个漂亮的人际关系仗。

在饱满的家庭之爱中长大的孩子，对世界充满爱，对人群的接纳度相当高，怎么可能成为让人讨嫌的男孩呢？

最后，我还得说一句既真诚又戳心窝子的话：仅仅主观上有想当好父母的愿望是不够的，要具备当好父母的能力，必须不断学习，不断成长。

11. 多子女家庭，如何才能养出手足情深的子女

我小时候跟弟弟发生了两次比较大的矛盾冲突。

第一次矛盾冲突是因为家里吃肉时，总是我弟吃瘦肉，我只能吃肥肉。我觉得母亲重男轻女，心中无比愤恨，但又奈何不了她，于是就把所有怨气撒到我弟身上。怨气积累到一定程度，只要有人点火，就会爆炸。

点火的是我那牙尖嘴利的堂哥，他总是讥笑我："你勤快有什么用，你妈还不是最爱你弟""你能干有什么用，瘦肉还不是你弟吃""你成绩好有什么用，你妈还不是嫌弃你是女孩"……我堂哥的"芭蕉扇"很管用，三两下就把我积压在心底的怒火点燃了，于是我寻个时机把我弟揍了一顿。我弟当然不甘心挨揍，添油加醋地向母亲参了我一本。母亲听后非常生气，斥骂我："你身为姐姐，不好好爱护自己的亲弟弟，还拳脚相加，太过分了。"我不甘示弱，怼我母亲："都是亲生的，为何我吃肥肉，弟弟吃瘦肉？"我母亲的理由在她看来天经地义，她说我弟是男孩，是家中的主要劳动力，力气活儿都是他干，所以要吃瘦肉强身健体，而我是女孩，干的都是不需要体力的活儿，吃点肥肉不应该吗？

第二次矛盾冲突是钟家大院所有的老少爷们都说我弟天生好命，可以去城市里接替我爸的工作，是天生的城里人。我因为是女儿，又是家里的老大，没有资格去城里顶替我爸的工作，注定一辈子生活在农村。闲话听得多了，心中的刺就长出来了，慢慢地就生出了恨。我恨爸妈重男轻女，恨我弟毫不费力就"捡"了个城市里的工作，于是又找个由头把我弟揍了一顿。我弟也不是省油的灯，打不过我就撕我的书，毁我的心爱之物。

我跟我弟明明应该手足情深，为何变成了"手足相残"？

说来说去，矛盾的根源在于父母在子女面前没将一碗水端平。家庭伦理剧《都挺好》第一集有个场景令我印象深刻：

苏明玉放学回家，妈妈在灶前忙碌，爸爸在院子里择菜，二哥靠在门口同妈妈闲聊，大哥在楼上用功读书。一家五口，多么和谐、美好。可是，这个本应该和谐、美好的画面随着尖叫、撕扯被破坏殆尽。

二哥苏明成看见妹妹回来了，没有充盈内心的喜悦，也没有对妹妹的满眼宠溺，而是命令苏明玉给他洗衣服。苏明玉忙着学习，自然不从。苏明成作为哥哥，不仅没有主动退让，反而负气进屋打游戏，还故意把声音弄得很大。苏明玉无奈，求助父母，父母根本不帮她；求助大哥，大哥爱理不理。苏明玉也不是任人揉捏的软柿子，"兄妹相残"的场面就在苏家上演了。

但凡苏家父母之中有一个站出来说句公道话，兄妹俩的关系都不会变得水火不容。成年后，这两兄妹也从未停止过斗争。苏明成还因为老婆工作的事迁怒苏明玉，把苏明玉打成重伤，苏明玉则选择报警把苏明成关了起来。

生活中类似的事情比比皆是，究其根本，皆是父母不公平所致。偏心眼的父母教出来的子女未必都会相残，但彼此相残的手足一定是偏心眼的父母养出来的。当然，也有那种性格冷酷的人，手足之间没有利益牵扯，彼此关系只是冷淡疏离，一旦涉及利益之争，便不会顾及手足之情，大骂出口、大打出手是常有的事。还有那种极其自私的人，不管是谁都要算计，尤其是兄弟姐妹之间，了解透彻，算计起来更容易。也不排除有一种特别懦弱无能的人，对外人出手大方，对自家兄弟姐妹一毛不拔，甚至还要化身糖公鸡顺走对方几片毛。身为父母，谁愿意看到兄弟阋墙、姐妹反目呢？

那么，如何才能养出手足情深的子女呢？

（1）公平施爱。人的天性很贪婪，尤其对爱有着无尽的贪婪。作为子女，我们都想得到父母更多的宠爱。如果因为某个孩子嘴甜、成绩好、听话，父母就喜欢，反之就嫌弃，那么孩子之间就很容易不和睦。有很多父母说，道理我都懂，但做起来太难。虽然孩子都是自己所生，使用同样的教育手段，但有的孩子就是一教就听，有些孩子就是教不动，但即使如此，父母也万万不可偏心。

（2）及时补偿。有些时候父母确实没有办法做到一碗水端平，那么父母要自我觉察到此事不妥，要对受委屈方及时补偿。比如我弟弟吃瘦肉、我吃肥肉一事，我母亲就非常明确地告诉我，弟弟吃了瘦肉，有力气，今后家里所有的重体力活都由弟弟做。我母亲说到做到，我弟长到十四五岁时，家里所有肩挑背扛的体力活，都是他做的，我只需在旁边搭把手即可。这样一来，我心里就平衡了，觉得母亲很公平，甚至还觉得我弟很可怜，进而对他倍加爱护。还有我弟弟顶替我爸工作一事，我母亲找我谈过心，说顶替工作的名额只有一个，没有办法满足我的愿望，但他们会竭尽全力支持我读书。只要我努力读书，今后我的生活不会比弟弟差。我母亲说到做到，不论是时间还是金钱，只要关乎我读书，她都极力支持我。这样处理，我心里当然就平衡了，不论是对弟弟还是父母，都没了怨气，甚至还觉得自己很厉害，不要唾手可得的工作，凭自己的努力就能获取更好的生活。

（3）创设有爱的家庭氛围。有些父母喜欢在子女之间搞竞争，爱、物质、金钱，就是孩子们竞争的奖品。这样做只会培养孩子的贪婪心理与不正当竞争行为。父母不仅要在言语上告诉子女彼此之间友爱，更要教孩子学会表达爱。比如教老大如何照顾弟妹，也教弟妹如何尊敬老大。吃的、穿的、用的，人人都有，原则上只使用自己的，也鼓励孩子之间互相帮助，要学会吃亏，当然也不能随便占便宜。

（4）价值引领。父母必须明确地给孩子树立这样的价值观念：兄弟姐妹是手足，打断骨头连着筋。一家人必须相亲相爱，互相帮助。从小到大都给孩子输入类似的价值观，孩子之间怎会不友爱呢？我看到不少为人父母者，不仅没有把基本的处事价值观告知孩子，自己还与兄弟姐妹闹矛盾，给孩子树立了很恶劣的榜样。这种家庭里的子女，怎么可能情深？

至于兄弟姐妹之间因争宠而产生的矛盾，只要不伤及感情，父母不必太担心，但也需要及时反思自己哪些做法误导了孩子。

手足之间有嫉妒、有竞争很正常，无伤大雅。只要父母行事公平，懂得营造和谐、温暖的家庭氛围，就可以避免大矛盾。一句话，手足之间是否友爱，很大程度上由父母的教养方式和指导方法是否正确来决定。

12. 刻意为之的教育，孩子成长才有后劲

我大伯父和大伯母共育有两男两女四个子女。这四个子女都很聪明，但他们的人生都很不顺遂。

我记得当初大伯母说得最多的一句话是："儿孙自有儿孙福，顺其自然就好了。"

我母亲与我大伯母的教育理念则完全相反。她认为小孩太小，没经事，看不远，不能完全由着孩子，父母必须为孩子做长远谋划。这个理念就跟"父母之爱子，则为之计深远"是一致的。那么，我母亲是如何为我"计深远"的呢？

（1）要想出息就必须读书。我母亲说不出"知识改变命运"这样的话，但她坚定地认为，一个农村女孩想要有出息，除了读书没有任何捷径可走。我小学三年级前成绩很不好，并且还得过且过，于是母亲到处求人把我转到了镇中心小学读书。我在新学校遇到了认真负责的好老师和勤奋努力的好同学，心灯被点亮，好胜心也被激发，开始努力读书。

遇到学习上的困难，我也想打退堂鼓，母亲就会非常强悍地制止我的想法，逼得我只能进不能退。她经常挂在口头上的一句话是："你不读书，我就打断你的腿！"我只得咬牙去读书。随后，我母亲又温和而坚定地鼓励我："不要管家里有钱没钱，只要你能读书，我砸锅卖铁也要供你读书。"

至今，我还保持着强烈的学习兴趣和行动力。因为我深深地知道：只有学习才能让人变得聪明，提升认知水平，优化思维方式，掌控自己的人生。

（2）学会生活各种技能才能独当一面。母亲极力要求我读书，但她不是

只让我读书，还要求我学会生活的各种技能。她说，学会各种技能，不做随自己，做也随自己，都是自己说了算。人不求人一般大，人若求人矮三分。作为一个农村女孩，庄稼地里的活儿，我能独当一面，撸起袖子能下地，挽起裤腿能下田。什么插秧割麦、翻土播种、薅草喷药，我样样在行。各项家务我也拿得出手，洗衣扫地、炒菜做饭轻松拿下。我能泡酸菜、腌咸菜，甚至还能做布鞋、织毛衣，用缝纫机缝制衣裤。大家不要觉得会做这些事情就是劳碌命，会做未必要亲自做。学会这些生活技能的过程本身就很享受，能轻松玩转生活里的各种机关，很有掌控感和成就感。我母亲的观点是，在家里，凡事自己会做，动了手就不用动嘴，在家人面前就不容易啰嗦，不讨人嫌，活得有底气。

（3）平衡学习与生活、个人与集体的关系。母亲最反感只会死读书的人，她说这种人除了能说出几句大道理，没什么用处。所以，她要求我读书时就一门心思读书，书读完了就把心思放在生活上，当然主要是学习如何做家务，把自己养得身强体壮，既可以规避校园欺凌，长大之后还可以独自走天涯。她也告诫我，集体很重要，大事要跟着集体走，但不管怎么走，不能耽误自己的事情。流水的集体，铁打的自己，自己没有真才实学可不行。曾经，我与一些朋友在网络上召集很多想要成长的同行组成了一个庞大的学习共同体，后来发现这个共同体里有很多依赖性特别强的人，拖得我根本无法前进，自己的成长被严重耽误，于是果断退出这个共同体，并且从很多QQ群、微信群中退出，终止了很多无用社交。这才让我有了更多时间来丰富自己，成长突飞猛进。

（4）早期的行为训练为我奠定了高效做事的基础。我母亲特别不喜欢拖延和注意力不集中的人，她说把事情交给这样的人，十件事情九件搞砸。于是，她经常有意识地训练我做事的速度，还教给我多事同做的方法，非常赞赏我做事时变换花样。后来，我知道训练做事的速度可以有效地遏制拖延症，多事同做是对统筹思维的训练，变着花样做事是培养创造性思维的好方法，有了这些思维，才能对所做之事保持持续的热度。她还让我学织毛衣，学做鞋子，很好地训练了我的专注力和耐心。这种能力的习得给我的事业带来了极大的好处，我能几十年如一日地专注做某事跟早期的训练有很大关系。现在的孩子当然不用做我曾经做过的事，但我母亲的教育理念绝不过时，新时代的父母可以用其他方式来训练孩子养成良好的行为习惯。

  我为什么要写我的受教育经历？因为我母亲对我的教育不是顺其自然，而是刻意为之。她为我做了长远的谋划，每一步都为我以后的人生奠定了扎实的基础，我才能从一个毫无背景的农村女孩一步一步成长为能够掌控人生的全国优秀教师。

13. 父母如何激励孩子才有效

～～～～～

我觉得，在对孩子实施激励之前，每位家长都需要搞明白以下问题：

（1）为什么要激励孩子？是不是孩子没心劲了，对自己的事懒于应付了？如果是，确实需要激励。如果不是，先别忙着激励，寻找原因才是科学的做法。

（2）激励孩子去做什么？孩子是不是在做他自身该做的事，如学习书本知识、学习才艺、锻炼身体等？如果是，就应该给孩子持续不断地加油，毕竟孩子长大后，这些都是可以令他生活得更好的资本。如果是为了实现家长自己没有实现的愿望，比如考进省市县重点高中、考某个名牌大学、超过亲戚朋友的孩子等，那还是算了吧，你自己都搞不定的事，凭什么要孩子替你完成？当然，孩子能够，且非常乐意帮你完成，那是你的福分，上天赐予你福泽，好好珍惜。

（3）孩子所做之事是他自己想做的，还是家长要求他去做的？有些事情孩子不想做也得做，因为这是他自己的事，责无旁贷。比如接受九年义务教育、爱护自己的身体、养成良好的习惯等。孩子不喜欢，要理解，毕竟一个人要想成长得更好，就得反人性，反人性就如扒皮拆骨，痛啊。

（4）你自己平时做得如何？比如你在工作上的表现、在学习上的表现、家庭关系是否和谐……如果你自己做得都不够好，经常因为工作、生活、家庭琐事抱怨、争吵，那么你对孩子的激励就很低效，甚至无效。

（5）你的孩子学习能力怎样？如果孩子的智力水平高，学习能力很强，只是内驱力不足，那么只要方法恰当，激励就很有效。如果孩子的智力水平发展缓慢，学习能力低下，不论怎么激励，孩子也只是态度端正，效果不佳。

（6）你的孩子学习习惯怎样？会不会听课？会不会按时写作业？会不会整理他的学习资料，会不会主动预习和复习？如果这些问题的答案都是"否"，那最好先培养孩子良好的学习习惯，然后再激励他"好好学习，天天向上"比较妥当。

激励是锦上添花，不是雪中送炭。孩子的能力（智力、毅力、执行力）不足，家长怎么激励都无效。这就像一辆性能很好的车，没油了，怎么开都不动，只要加了油，司机就能开动。但如果车的性能出了问题，修车就是第一要紧之事；一台电脑，硬件完全没问题，只是软件落后了，那么只需进行软件升级，电脑就特别好使了，但如果硬件出了问题，就得回炉重修。

由此可见，激励孩子前需要对孩子各方面的情况进行评估，找到孩子存在的基本问题，再对症下药。如果是父母的榜样示范出了问题，只需父母改变，孩子就改变了。如果是孩子的体质太弱导致意志力和行动力都很差，那就先强身健体。如果是父母在引导孩子的价值观时出了问题，那么父母就必须给自己和孩子重建价值体系。如果要孩子实现的梦想仅是父母的梦想，那就稍作调整，帮助孩子找到自己的梦想，激励他对自己的梦想负责，这样的激励才有效果。

那么，各方面都很正常，但仍然不求上进的孩子，父母该怎样激励才有效呢？各方面都很正常，外部推动也很卖力，可孩子还是懒懒散散混日子，说明孩子的内驱力不足。

什么是内驱力？简单来说，就是孩子做事的内部动力。这个动力不是父母、老师给予的，而是孩子内心有股力量推着他前进。我曾经教过的学生鹏鹏、淳淳、溪溪，他们从七年级开始，就很想考进深圳中学。读深圳中学是他们自己的强烈愿望，不是我和父母强加给他们的，所以他们的内部推动力特别强，根本不需要父母、老师去强推，我们只需要关注他们的身体是否健康、情绪是否稳定、学习方法是否科学。一切正常，我们就近处陪伴，出现异常，只需靠近帮忙。

那么，如何激发内驱力呢？

（1）一定要弄清楚孩子的真正需要。虽然孩子们都背着书包来学校读书，但他们的需要未必都相同。有些孩子需要得到父母的认可与奖赏，有些孩子需要结交新的伙伴，有些孩子需要获得同伴的羡慕与尊敬，有些孩子需要获得学习的满足感。弄清了孩子内心的需要，再去创设情境满足他们的诉求。同时，父母和老师可以向孩子提出合理的要求。切记，如果孩子内心的需求得不到满足，不要给他们提任何要求。

（2）让孩子体验成功。人们常说"失败是成功之母"，我把它改成"成功才是成功之母"。这个世界上只有极少数的人能置之死地而后生。屡败屡战的事例屈指可数，屡败屡不胜的事例多如牛毛。就算孩子性格倔强不服输，但毕竟心智脆弱，禁不住一而再再而三的失败打击，一旦形成习得性无助，孩子就很受伤了。因此，要根据孩子的能力，经常让他体验成功的喜悦，形成"我能行"的积极心理。孩子只有能掌控自己所做的事，能经常体验到成就感，才有持续不断的内驱力。

（3）将消极诱因转化成积极诱因。什么是诱因？就是能满足孩子需要的物体、情境或活动，是孩子趋向或回避的目标。满足孩子需要的诱因是后天通过个体经验而逐步形成的。例如，同样是满足生存所需，有人吃海鲜，有人食淡饭，有人啃面包，有人喝牛奶；同样是休闲，有人唱歌，有人跳舞，有人打游戏，有人去运动。积极的诱因催生积极的人生，消极的诱因则催生消极的人生。父母平时要注意观察孩子是通过什么诱因来满足内在需要的，一旦出现偏差就要及时调整。我读初中时，特别想成为《第二次握手》一书中丁洁琼那样优雅知性的知识女性，可我那时沉迷做手工，老师就说："你每天沉迷手工，怎么成得了丁洁琼呢？你只有努力读书才能活成丁洁琼的样子，她是知识女性，不是手工女性。"我一想，对哦，我又不想成为手工专家，干吗花那么多时间在上面呢？我得下功夫读书才能改变命运啊。老师对我的劝导之所以有效，是因为我内在的需求特别强烈。后来，我稍有怠惰，老师就会敲一下我的头，吼一声："丁洁琼！你离她的距离还很远，赶紧！"我一听，立马清醒，咬牙切齿加油学。我若是做得好，他就会朝我竖起大拇指，说"加油！你离丁洁琼越来越近啦"。我一听立马信心大增，恨不得不吃不睡一门心思搞学习。

（4）父母首先要成为励志的人。我以为父母的高能活法才是最有效的激励手段，一定要相信"身教大于言传"这个家教哲理。父母是距离孩子最近的榜样，孩子天天跟父母在一起，耳濡目染，假以时日，就会活成父母的样子。父母有积极的人生态度，有明确的成长目标，有超强的行动力，有让一家人过得快乐幸福的能力，并且还很会倾听孩子的心声，能尊重孩子的想法，能给孩子提出可行的建议，那么孩子就会活力满满，激励就有效果了。

最后，我想说的一句话是，身为父母，与其整天想着如何成为激励孩子的高手，还不如让自己活成励志的范本。

14. 怎样听孩子说话，孩子才愿意说

每次与学生父母聊到孩子，他们都会向我反馈一个情况，说孩子现在不和他们说话，所以他们越来越不懂孩子心里究竟在想什么。

这确实是个问题。父母与子女不交流，彼此之间的隔膜就会越来越深，不利于亲子关系的健康发展。我必须做家长与学生之间的桥梁，帮助他们消除隔阂。关键是，隔阂在哪里呢？

我故意调侃学生："据你们父母说，他们主动与你们说话，你们都不爱搭理了，真有其事？听说有些同学更过分，父母一开口，一句'烦不烦'就把父母的嘴给堵了。你们可是父母亲生的孩子，这让他们情何以堪啊？"

我这话一说完，学生就七嘴八舌地回答我："哪里不跟他们讲话？是他们根本不听好不好。还有就是根本听不懂好吗，简直白费口舌。他们还胡乱猜测，乱贴标签，乱做评价。"

真是这样吗？我请他们举例说明。

小新说："比如我在学校被同学恶意嘲笑，心情很不好，回去向妈妈说起这个事，本希望得到她的支持。结果她劈头盖脸给我一顿骂，说一个巴掌拍不响，若不是我惹事，别人干吗要恶意嘲笑。这么大个人了，连同学关系都搞不好！本想求安慰，反被数落一顿，心里的火气一下子就冒了出来，又不敢把气直接撒到她身上，只好冲进自己房间，'哐当'一声把门关了，踢书桌撒气，然后坐着生闷气。我还听妈妈在外面抱怨，说我本事不大，脾气倒大，今后长大了，有本事了，只怕连爹娘都不认了。"

我听得大吃一惊，心想，换我遇到这样的妈妈，估计也没什么好说的，

紧闭嘴巴是最优选的策略。

小鱼说:"我上完补习班回家,说补习班老师讲的内容对我来说太浅了,浪费时间,我想自己复习。妈妈一听就恼火了,说她花那么多钱给我报补习班,我还嫌这嫌那,人家是老师,再差也比我强。我就是骄傲自大,自以为是,别以为她不懂我那点小心思。我想一个人复习,估计是想趁没人监督玩手机吧。"

小鱼妈妈可真"厉害",掘地三尺都把小鱼的心思挖了出来,关键是,这是真的吗?小鱼不服气,于是他选择不跟妈妈说话,即使要说,也是"嗯""啊""哦""呵呵""我好忙"。

小灿则笑着说:"我父母跟他们的父母完全不一样。"我回应:"那你喜欢跟你父母说话吗?"小灿嘻嘻一笑,说:"我只喜欢跟老师和同学说话,不愿意跟父母说话。"

这就奇怪了。小灿的父母既然与小新、小鱼的父母不一样,为什么还是不愿意跟父母说话呢?

小灿说:"我每次回家跟他们说话,不管说对还是说错了,我那慈祥的母亲和父亲总是慈爱地抚摸一下我的头,温和地说,'你真棒,你说的都是对的,给你点赞'。我真的很棒吗?明明我是错的好吗,还给我点赞。随随便便就点赞,那也太廉价了吧。"

这就是青春期的孩子。他们已经有了成人感,能独立思考问题了。他们渴望被看见、被重视、被理解,希望父母能用心听他们说话,听懂他们说话,给予他们情感的支持,给他们提供建设性的建议,而不是一味地否定、评价、顺从。只要父母能听懂他们说话,孩子就愿意跟父母说话,亲子交流就能继续。那么,作为父母,我们该如何听孩子说话呢?

(1)要有"听"的姿态。态度要认真,孩子的事就是大事,必须认真对待。放下手机或者手上的其他事情,专注听孩子讲话。假如孩子与我说话,我一边应着,一边在手机上奋笔疾书写文章,孩子就会觉得不被尊重,话到嘴边也会咽回去。父母倾听孩子讲话时,身体要向孩子趋近,做出倾听的姿势,还要积极回应,比如"哦""嗯""原来是这样啊""我终于明白了"。青春期的孩子跟老师或父母倾诉时,听话人只要表现出一丁点不耐烦,孩子就会紧闭嘴巴，觉得自己受到了轻视，自尊心受到很大打击。

（2）要听懂话里的意思。很多父母在听孩子说话时由于心不在焉，孩子已经把话说完，还不知所以。孩子就会想，既然我讲了一大堆，父母都不知道我在说什么，多说无益，自然也就不喜欢交流了。

（3）要听出话里的情绪。比如小新回家跟妈妈说她被同学恶意嘲笑，她想要告诉妈妈的是，她心情不好，需要妈妈的安抚与支持。结果小新妈妈却责怪孩子不会搞同学关系，导致小新的气愤升级。孩子这样是有原因的：我在学校遭到同学欺负，你不帮我就算了，还指责我？这个时候，孩子要的不是充满正能量的道理，而是情感的支持。那么，小新妈妈该如何回应才恰当呢？

她可以这样说：被同学恶意嘲笑，你心里很难受吧？孩子一听心里就会得到安慰，这就叫共情。随后，小新妈妈可以进一步问孩子：你打算怎么处理这件事呢？把怎么解决问题抛给孩子，孩子就会去思考怎么解决。当然，小新妈妈也可以提供几种解决方式，比如，让小新直接去找那个嘲笑她的同学，明确告诉对方不接受这种嘲笑，不希望再有下次；由妈妈亲自出面找嘲笑她的同学论理；把这件事告诉老师，让老师处理；小新可以装作没听到，不在意，忽略这件事，嘲笑的人就自觉无趣了。提供这几种方式的目的是告诉小新，解决问题的方法不止一种，顺便还可以优化她解决问题的思维方式。

当孩子得到家长的支持，又有了解决问题的方法，情绪自然就会平静下来。

（4）要听出话里的需求。孩子既然有话说，心里必然有需求。比如小鱼说补习班老师讲得太浅了，想要自己复习。小鱼话里的需求是什么？他希望老师讲深一点，不然就不想补课了。那么，妈妈要不要满足小鱼的需求呢？可以理解，但不一定要满足。妈妈可以这样跟小鱼说：那你还打算补课吗？小鱼可能会说不想补了。妈妈此时可以说：可是我们已经缴一个学期的补课费了呀，这个怎么办呢？缴费之前就说好了，授课老师在知识教授上没有出现错误，学生单方面不补课的，概不退费，我们可不可以找老师沟通一下，针对你的学习能力把讲课内容加深一点？这样就避免了对孩子的评价，更不会口不择言地扯到"玩手机"这个敏感话题上。

　　我们从小到大都在学语文,语文学科首先强调的一个能力就是"听"。按理说我们都很会听别人说话,其实不然。在考试分数高于一切的环境中,老师们都忙着教授知识,很少训练学生如何倾听。这些学生长大当了父母,也不知道如何听孩子说话。这就容易导致家人之间互动较少,缺少共情和温暖。

　　不过还好,作为父母,我们只要意识到这个问题,并且愿意学习,愿意改变,孩子就会改变。你爱听,并且听得懂,孩子就是一个喜欢表达的健谈者。你不爱听,又听不懂,孩子在你面前就是一个一语不发的"冰坨子"。

15. 父母如何表扬孩子才恰当

喜欢被表扬是孩子乃至成人的天性，任他是谁，听到别人的表扬，内啡肽的分泌量就会增加，幸福感、价值感就会随之而来，对表扬他的人就会产生好感。

因此，父母、老师都争先恐后地表扬孩子：你好乖，你真棒，你真厉害，你真听话，你好聪明，你好漂亮，你好可爱，你长得好帅，你最有孝心，你智商好高……这些过于空泛的表扬话，我们是不是随时随地都能听到？孩子幼儿时期和小学低年段时，很吃这一套，这些表扬话送出去一定能收获他们甜蜜的笑容。但是随着认知水平不断提高，小学高年段和中学阶段的孩子就会觉得这些表扬太廉价，令他们尴尬。

那么，父母在与孩子的交往中，运用哪些方式表扬他们才合适呢？

（1）不表扬先天优势，要表扬后天努力。小易，男孩，自诩聪明绝顶，经常在同学面前秀他的高智商，企图碾压班上所有同学。数学老师安排作业，他经常不完成，问他为什么不完成，他嘴一撇，不屑一顾地说："这么简单的题，简直侮辱我的智商！"小易的数学成绩由八九十分下滑到二三十分。有同学质疑他的智商，他却振振有词地说："我只是不想学而已，是故意考差的。"

小怡，女孩，长得很漂亮，站在女生堆里，先天优势显而易见，但她却是班里最不受同学待见的女孩。为什么？因为她沉迷化妆不能自拔，每天浓妆艳抹。

小易为什么要努力强调他的智商？究其原因，是因为小易儿时一直在大人"你真聪明""你简直聪明绝顶"的表扬声中长大。他一直想要维护的就是他的聪明。他害怕失败，害怕别人怀疑他的聪明，于是选择不学习来保住他的聪明。

小怡小时候能歌善舞，口齿伶俐，特别招亲戚朋友喜欢，不论是家人还是邻居，抑或是陌生人，看见小怡都忍不住赞美她长得漂亮。小怡最自信、最骄傲、最有优越感的便是她长得漂亮，所以她特别害怕失去美貌。她挖空心思地要把自己变得更漂亮，于是染头发、化浓妆、打耳洞、改校服……但凡能想到的可以变美的方法都要去尝试。小怡把心思都花在打扮上，学习自然就顾不上了，每次考试在班上不是倒数第一就是倒数第二。加上浓妆艳抹，丧失了青春女孩的纯真之美，同学和老师都将她视为异类。

这两个表扬失当的案例给父母们敲响了警钟：没有技术含金量的表扬只会适得其反。

那么，父母应该表扬孩子什么呢？答案是表扬孩子后天的努力。小易小时候很聪明，说明他解决问题的能力很强，家长就应该把表扬的重心放在他完成某件事的努力上。孩子就知道于他而言，努力才是最重要的，只要努力了，虽败犹荣。只要孩子的价值体系里装有"越努力，越幸运"的价值观，就会对自己感兴趣的事孜孜不倦地去探索。还有小怡，漂亮不是她后天努力的结果，但是父母、家人都把表扬的重心放在她的漂亮上，致使她忽略了去提升自己的内在美，也是令人惋惜的。

（2）不只表扬结果，还要表扬过程。每次考试，小轩都要作弊。每次球场上打球，他犯规的次数最多，甚至为了获得班干部的岗位不惜当众撒谎。小轩做这一切是为了什么？因为想要获得父母的表扬。从小到大，他父亲都只表扬他获得的结果。拿回"三好学生"奖状，表扬；考出优异成绩，表扬加吃大餐；当上班干部，表扬加旅游。小轩的父亲甚至还跟他这样说："这就是一个弱肉强食的社会，只要有结果，你就有话语权，人家才懒得管你用什么手段搞到的结果。不管什么猫，抓到老鼠才是好猫。"小轩为了"抓鼠"，每天想的不是脚踏实地做好每一件事，而是如何走捷径拿到好的结果。其实，学生群体中像小轩这种被功利主义思想洗脑的孩子大有人在。

没错，结果很重要，但如果孩子不把心思花在过程上，怎么会有好的结果呢？作为父母，我们要在重视结果的基础上，更重视孩子在整个过程中所付出的努力和心血。他们在过程中所表现出来的闪光点一定要放大，要反复强调。孩子要中考了，中考前的复习压力很大，家长就要看到孩子在备考阶段所做的努力。比如他们主动切断网络，主动早起背书，主动要求补课，主动刷题……家长把这些过程进行描述后，再进行表扬，孩子就能顶住考试的压力，进而动力十足。

除了要重视上述两种方式外，表扬的技巧和态度也很重要。

（1）除了当众表扬，还要背后夸赞。当众表扬让孩子觉得很有面子；背后夸赞，让孩子觉得找到了知己，自己的付出能被人看见，自然会有一种深刻的感动，之后会更努力！每个孩子都愿意为懂他的那个人去努力。

（2）客观陈述孩子的行为，真实表达表扬者的感受。学生小姚有起床困难症，迟到现象时有发生，但也有提前到的时候。每次她早到了，我就会很惊喜地陈述她的行为："小姚，今天你提前两分钟到班了（有时是准点到班），我好开心，希望这份开心能保留得久一点啊。"小姚便连续两三天不迟到。尽管三年时间我都没能帮助小姚克服起床困难症，但效果还是很明显的，她比其他班级很多孩子来得早，她可是从小到大都有起床困难症的呀。别的班级早上 7 点 20 分考勤，我带的班级是 7 点 10 分考勤，她再怎么迟到，最晚 7 点 15 分也到班了。

我相信随着小姚年龄的增长，身体强壮了，内心强大了，个性坚韧了，一定能克服起床困难症。

（3）不笼统表扬，要表扬细节。比如我要表扬某个学生的作文写得好，不会笼统地说：某某，你作文写得真好。我会针对学生的作文本身，抓出其中的亮点来表扬。比如好在开头，我会说：文章开头使用比喻句，把抽象深奥的道理一下子就说得通俗易懂，并且文采焕然，蕴含着深刻的哲理，了不得啊，与我同期相比，超出太多了，我那个时候还不懂得在文章开头来一个比喻句，只知道概述，干巴无味。

再如我要表扬某个同学把教室打扫得很彻底，不会笼统地说：哇，你扫得真干净啊。我会说：某某同学扫地时，你看他拿扫帚的姿势就知道懂物理里的杠杆原理，还有扫地的方向，以及扫帚毛压地的幅度，都很专业，所以教室地面特别干净，我看着真的很舒心。

表扬细节，既陈述了学生好的做法，提醒其他同学今后按这个方法做，还告诉学生，他的做法令他人感到愉悦。学生就会这样想：既然我的做法很正确，又能给他人带来愉快的体验，那我为什么不做呢？我要做得更好！这就是积极有效的表扬。

（4）表扬不要断定未来，而是要看到当下。未来虽然可期，但毕竟远离当下，有太多的不确定性因素。因此，父母表扬孩子时，专注于当下，就说当下做了什么，给你带来了什么愉悦的体验，感谢被表扬者所做的一切。至于未来考什么清华北大，当什么高官富豪，谁知道呢，太遥远了，孩子看不到，不起作用。

最后，要强调的是：表扬时，表扬者的态度很重要！它胜过所有技巧。那么，表扬者该秉持什么样的态度呢？真诚、不浮夸。孩子只要觉得你的态度不真诚，就会觉得那个表扬是讽刺，表扬反而会起反作用。

16. 高自尊的孩子是如何养出来的

小丽和小华是一对堂姐妹，也是我早年的学生。两个女孩从小一起长大，关系特别亲近，可是成人后，两人的人生却是云泥之别。

小丽长相清秀，性情娴雅，在外人看来，是难得的好女孩。可是小丽却总认为自己相貌不美、能力不强、脑子不灵、动作不协调……总之，就是各方面都不行。因此，不论遇到什么事，她都是能退则退，能躲必躲。她甚至还认为自己不配得到优秀男孩的爱。

小华的长相远不如小丽漂亮，但是她自信大方、热情活泼、喜欢参与、敢于挑战、擅长交流。

两姐妹长大后，小丽留守老家，日子过得虽然安稳，但总是心有不甘。小华则离开家乡，去了大城市，拥抱不确定性，拼出了一方天地，日子过得很惬意。

为何两个出生背景接近的女孩，收获的却是不同的人生呢？因为小丽是一个自尊感极低的女孩，小华则是一个高自尊女孩。

那么，问题就出来了：低自尊和高自尊有何区别呢？

什么叫自尊？自尊是指个体对自己的总体态度。高自尊的人对自己的评价就高，低自尊的人对自己的评价就低。

接下来，我列几个问题供大家自问：

（1）你认为自己对家庭、对团队、对社会有用吗？

（2）你认为自己是否拥有好的品质，比如行动力、配合度、合作意识、勇敢、独立、专注？

（3）你对自己的现状是否满意？

（4）你对自己持肯定态度吗？

（5）你对自己的未来有积极的期待吗？

（6）你认为通过持续努力能创造美好的未来吗？

如果你的回答是肯定的，那你就是一个高自尊的人；如果你的回答是否定的，那你就是一个低自尊的人。

拥有高自尊的人对自己的能力以及存在的价值高度认同，因此，他们呈现出来的生命状态就是自信而积极的。具体表现在以下7个方面：

（1）能够做到知行合一，并且行动力很强。这方面最典型的人物当属明代大儒王阳明了。他不仅提出了"知行合一"的学说，还将这一理念贯彻到了自己人生实践中，时至今日仍是许多人的楷模。

（2）有充分的安全感，内心充盈，情绪稳定。《阿甘正传》里面的阿甘，虽然有些智障，但他诚实、守信、认真、勇敢、重感情，对人只付出不求回报，也从不介意别人的拒绝。

（3）既能看到自己的长处，又能接纳自己的短处，并且还有勇气面对自己的短处。比如《初恋这件小事》中的女主角小水，长相平平，家境也很一般，在学校并不受重视。有一天，她遇见了帅气的学长阿亮，春心萌动，无法自拔，但她自身条件与阿亮并不般配，于是小水从皮肤、着装、气质等方面进行了一系列的改造。阿亮学长的成绩很好，并且有远大的理想。小水为了缩短与学长的差距，学习非常用功，最终逆袭为学霸。

（4）遇事不逃避，自主性和适应性都很强，能为自己的事情负责。比如《中国机长》里面的机长，在飞机出现事故时能沉着应对，正确处理意外事故，确保了机上所有人员的生命安全。

（5）不怕犯错，能从错误中吸取经验教训。很多孩子看过《青春派》这部电影。电影里的居然，在高考前拍毕业照时，当着全校师生的面用泰戈尔的诗向暗恋了三年的黄晶晶表白，收获了甜蜜的初恋，但很快被闻讯赶来的妈妈破坏。居然经历了失恋、摔伤、高考失利，深受打击。他看着黄晶晶前往复旦大学的身影，决定重读高三追逐爱情。他就是一个高自尊的人，总是想办法解决问题。

（6）遇到困难会想办法解决，也有勇气向他人求助。伊朗电影《天堂的孩子》中，9岁的男孩阿里从补鞋店取回妹妹的鞋子，在回家的路上，不慎将其丢失。为了赢得十公里长跑比赛奖给季军的一双运动鞋，并把它送给妹妹，阿里拼尽全力。可阴差阳错，他得了冠军，而他自己仅有的那双鞋也跑烂了。电影放到最后，我们看到父亲在商店里给阿里和妹妹各买了一双新鞋。这对兄妹虽然贫穷，但不忘初心，始终保持着纯真和善良。

（7）脑子灵活，反应敏捷，机灵，不露怯，善示弱，还能整合手中各种资源。比如《射雕英雄传》里的黄蓉，《倚天屠龙记》中的赵敏，均是高自尊的女性，她们自信、潇洒，有着天然的吸引力。

反过来说，低自尊的人又有哪些表现呢？

（1）别人一赞美就惊慌失措或者难以置信。我曾经教过一个非常抗拒赞美的学生。老师赞美他，他一律认定老师夸大其词或者不怀好意。这样的学生，人际关系也很疏离。

（2）不懂得如何拒绝他人的无理要求。低自尊的人并不想接受他人的要求，但他们没有拒绝的勇气，所以每一次都勉为其难地口头接受，心里却又百般抵触，行动也非常迟缓，所以到头来，干活的是他们，得罪人的也是他们。

（3）活在他人的评价中，由他人定义人生。低自尊的人弄不清楚自己想要什么，也看不到自己的优点。别人怎么评价，他就怎么活着。他们的人生完全由别人定义。

（4）主动退缩，自动边缘化。不管做什么，低自尊的人都认为自己做不好，因此，他们缺乏担当，遇事总是主动退缩，在人际关系的建设中，总是在设法把自己边缘化。

最后，我要说的内容，也是本文最重要的内容，那就是如何培养孩子的高自尊。

（1）努力为孩子提供较为充足的物质保障。贫穷是高自尊的重大杀手，会限制人的想象。如果不能为孩子在物质上提供充裕的保障，那么在精神上就要给予孩子充足的爱。有很多贫穷家庭走出来的孩子，仍然能形成高自尊，因为这些孩子在物质上虽然匮乏，但在精神上一定是富养长大的。

（2）降低对成功的预期。几乎每个人对自己的能力都有不切实际的预期，认为自己的水平要比一般人高。事实并非如此。降低对成功的预期，可以降低焦虑，减轻"约拿情结"（在机遇面前逃避、畏缩、后退的心理，出于对自尊的过度保护而产生的对成长的恐惧和更高追求的回避）的负面影响，从而敢于面对当下的困难。

（3）给孩子贴上正面的标签。不论什么时候，都不要用负面词语评价孩子，比如你很丑、很懒、很笨、很糟糕、很刁蛮，你不思进取，你做事很慢，你不会说话，你身体不协调等。要换成正面词语评价，比如你很阳光，你知足常乐，你慢工出细活，你很有个性，你喜欢慢生活，你很直率，你很特别，你很重要，你很矜贵等。有句话说得很有道理：你想让孩子成为什么样的人，你就给他贴什么样的标签。

（4）有意识、有目的地生活。清醒地活着远胜浑浑噩噩地活着。搞清楚自己为什么活着、究竟需要什么非常重要。《这个杀手不太冷》里面小女孩的扮演者娜塔丽·波特曼，成年后凭借《星球大战》三部曲中的帕德梅·阿米达拉女王一角为大众熟知，之后进入哈佛大学攻读心理学。2011年，她凭借电影《黑天鹅》里人格分裂的芭蕾舞者角色，获得了奥斯卡最佳女主角奖，2016年12月15日荣获第21届华鼎奖评委会大奖。娜塔丽·波特曼之所以能成为演艺圈的常青树，用她自己的话说，原因就是她在很小的时候就清楚地知道自己想要什么。

（5）接受并悦纳自己。作为父母，不论孩子长什么样，学业成绩如何，我们都要全心全意地接受并欣赏他们，然后再教孩子接受自己本来的样子，学会挖掘、放大自己的优点。一个懂得欣赏和热爱自己的人，一定是一个高自尊的人。

一个人的自尊形成主要是受原生家庭的教养影响。因此，父母对孩子的刻意培养非常重要。

17. 父母如何帮助孩子远离校园欺凌

什么样的孩子最容易受到校园欺凌？当然是在欺凌者看来好欺负、能欺负的人了。预防校园欺凌，除了学校领导要在思想上高度重视、学校老师要指导学生如何识别和预防，家长也要加大指导力度。

从预防角度来讲，家长需要怎么做，才能减少孩子被校园欺凌的可能性呢？

首先，让孩子有个强健的身体。身体高大、强壮、有力的孩子不容易被欺凌。相反，那些身体瘦弱、老实懦弱的孩子很容易被欺凌。比如八年级男生小钟，个头小，身体单薄，看上去就像一个小学三年级的孩子，喜欢喝可乐，吃魔芋爽、辣豆皮等零食。他平时喜欢窝在教室里玩魔方，或者转手上的课本，不喜欢体育运动，学校组织的班级活动也不乐意参加。这样一个安静的小男孩，不惹事，不生非，按理说，他在学校里应该有非常安逸的生存环境。但他总是在上厕所时，或者在放学路上，被其他班的男生堵住，要么推搡他，要么试图脱他的裤子。小钟当然很生气，但他身体瘦弱，根本不是大男生的对手，只得大声说："你们敢动我，我就告诉老师。"大男生们闻言，直接就把小钟摁在地上打了一顿，完了还威胁他，要敢告诉老师，他们就见一次打他一次。小钟怕招致更多的欺凌，只能忍气吞声、息事宁人。直到有一次，他的额头被打出了血包，班主任才知道他一直被欺凌。后来，学校德育处专门就欺凌现象做了调查，其中有一个问题是：如果你要欺凌同学，最喜欢欺凌哪一类？有80%的学生说，最喜欢欺负身体瘦弱、性格懦弱的同学。理由是，他们毫无反抗能力，又不敢告诉老师，好欺负！

由此可知，欺凌者在欺凌他人时，事先会对被欺凌者进行身体评估。对方强壮，成本高，放弃；对方弱小，成本低，那就欺负。特别是青春期的孩子，不仅要比成绩和能力，还要比身体发育。

家长一定要重视孩子的身体健康，在饮食上、运动上都要关注孩子，让孩子尽量做到下面三点：

（1）不挑食，少吃零食，尽量不喝可乐和奶茶。

（2）不宅家，多运动，有空就去球场奔跑、绿道骑车。

（3）不长胖，监控好碳水、油炸食品、甜点之类食物的摄入。

其次，让孩子有个良好的性格。强势讲理、独立自主、善于交往的孩子不容易遭到欺凌。看起来好欺负的人，就容易被欺负。喜欢捏软柿子是人性的弱点，小孩子也不例外。比如七年级女生小丽，在老师和同学眼中，是一个特别善良懂事的女孩，但她性格懦弱，别人推搡她，她不敢说"不"；别人传播她的谣言，她虽然痛苦，但也不敢辩解；别人给她取难听的绰号，她忍气吞声；别的同学从她的笔袋里拿文具使用，招呼都不打一个；甚至还有同学强行穿她的校服……为什么善良懂事的小丽被欺负呢？就因为她性格懦弱，不敢反抗。

我读初中时，因为个子矮，体格胖，还留着男式寸头，经常被男生嘲笑，还恶意给我取绰号。我心里很痛苦，回家向我母亲倾诉。母亲先是隔空咒骂了那些欺负我的男生，然后大声对我说："别人骂你，你没有嘴啊？你连为自己发声的勇气都没有，活该被欺负。从今以后，给我把胆子撑起来，把性格强起来，要么告诉老师，要么大声说'不'。咱们不挑事，但也不怕事！"从那以后，不论是男生，还是女生，只要敢欺负我，我就一定会鼓起勇气维护自己的尊严，确保自己的安全。

作为家长，我们要给孩子创设被欺凌的情境，与孩子一起进行模拟演练，指导孩子大胆反抗欺凌，具体做法如下：

（1）教孩子不挑事，但也不怕事。

（2）教孩子遇到他人欺凌时，要敢于说"不"：不同意，不接受。

（3）教孩子遇到欺凌者时表达自己的愤怒，呈现自己的坚韧与刚强——一句话，我不怕你。

再次，提高孩子的交往能力。一个不善于交往的孩子，会缺乏外部支持系统。当他被欺凌的时候，愿意为他说话的人就比较少。野外的狼，喜欢攻击落单的猎手。学校的欺凌者，喜欢欺负孤零零的学生。比如小学六年级学生小艾，性格特别内向，从不敢向他人展示自己的优点，与同学在一起，一天都难得听他说一句话，于是同学给他取了绰号"小闷墩"。小艾从不招惹谁，却总是成了别人招惹的对象，成了班上的受气包。

七年级学生小明则是一个独来独往的人，每天上学、放学都是一个人，被班上同学戏称为"独行侠"。有一天，"独行侠"小明在回家路上，遇到四五个八年级男生，找他要钱。小明不给，被那几个男生揍了一顿，连鼻血都被揍了出来。班主任很生气，责骂班上的学生："你们的同学被欺负了，都没看到吗？你们也太没正义感了。"学生纷纷向班主任说道："小明都不跟大家交往，他喜欢一个人独来独往，肯定容易被不良学生盯上啊！"

没朋友，没圈子，遇到欺凌时，别说帮手，连个报信的人都没有。因此，家长一定要指导孩子建立健康的朋友圈，具体做到以下几点就足够了：

（1）在态度上支持孩子交朋友。

（2）帮助孩子物色靠谱的朋友。

（3）教给孩子交友的技巧。

（4）千万别做人际关系的破坏者。

然后，培养孩子的自信心。自信心强的孩子，自我价值感和成就感都很强，欺凌者一般都不会盯上这类孩子。强大的人，从来都不担心被别人欺负。自信的人，从来都自带光芒和力量。自卑的人，走到哪里都黯淡无光，很容易被欺凌者盯上。七年级学生小华就是一个特别自卑的男孩。因为自卑，他不敢举手回答问题；因为自卑，他不敢争取班上的管理岗位；因为自卑，他不敢找老师问问题；因为自卑，他不敢与同学建立健康、友善的关系；因为自卑，很多同学故意找他麻烦。小华的家长得知情况后，在培养小华的自信上下足了功夫，小华很快就摆脱了被欺凌的局面。那么，小华的家长是怎么做的呢？

（1）肯定孩子的表现。

（2）激励孩子的行为。

（3）让孩子身体力行。

（4）倾听孩子的心声。

（5）尊重孩子的想法。

最后，提高孩子的保护意识。不论老师和家长把孩子看得多紧，都有可能百密一疏，导致孩子被欺负。因此，一定要教会孩子保护自己，尤其是要制定心理边界和身体边界，形成强烈的自我保护意识。八年级女生小红与同班同学小黄是好闺蜜。两个女孩经常形影不离。有一天，小红向小黄分享了一个秘密，说她小学时与一个男生谈了恋爱，只是牵手而已，其他什么都没做。小红对小黄说，这个秘密连父母都不知道，一定要保密。小黄向小红发誓会保密，结果第二天就把这个秘密分享给了全班女生。女生们添油加醋，把小红说得特别不堪，导致班上学生都认为小红品行不端，甚至还有男生直接辱骂小红，说小红是坏女孩。后来，在老师的干预之下，小黄承认自己传播谣言，班上部分女生也承认添油加醋，她们都给小红道歉了。但是小红的心理创伤一直难以平复，最终导致中度抑郁，需要寻医吃药才能正常生活。类似小红这种单纯的、缺乏保护意识的孩子很多，家长一定要培养孩子的自我保护意识。具体可以从以下5个方面展开：

（1）要有边界感：语言的边界、身体的边界、心理的边界。

（2）上学、放学路上尽量不落单，不可以跟着陌生人去别处。

（3）拒绝陌生人的求助（原地指路没有问题）。

（4）在学校里尽量不在厕所、楼梯拐角处逗留。

（5）感受到危险时要第一时间向老师报告。

校园欺凌，自打有学校以来，古今中外都存在。无论学校多么重视，老师多么用心，都难以杜绝。那么，当孩子被欺凌后，家长该怎么做，才能缓减孩子的痛苦，帮助孩子讨回公道呢？

第一步，安抚孩子的情绪。家长安抚情绪时，这类话坚决不能说：你不惹别人，别人怎么会惹你？一个巴掌拍不响，大家都有错，先检讨自己吧！我叫你不要去惹那些品行不好的人，你不信，这下吃亏了吧！你真是没用，这么大个人，还被别人欺负了！这类话一定要说：孩子，你心里很难受，是吧？来，我抱一抱你，你说说看，你需要我怎么帮你？（有肢体上的接纳，有语言上的安慰，还表明了支持的态度。）

第二步，检查孩子的伤势，评估孩子的心情，向老师陈述事实。要客观陈述，不责怪，不判断，不向老师发火，心情平静，语速平缓。要表达感受，向老师表达自己看到孩子受欺负之后的负面心情，引发老师的同理心。要提出要求，用诚恳的语气请求老师调查事实真相，还孩子一个公道，让孩子在校园里能够安全地生活与学习。

第三步，向孩子提供多种处理方案。方案1：告知老师，请老师秉公处理；方案2：由家长出面，向欺凌者讨公道；方案3：请自行消化，看见欺凌者就躲；方案4：自己打回来，壮着胆子还回去；方案5：权当没发生，把此事彻底忘记。

孩子在选择方案时，家长要进行价值引导：孩子，不论你选择哪种方案，爸妈都支持你，前提是不损人、不害己、不违法。

除此之外，父母还要告诉孩子：爸妈会不遗余力地帮助你，永远是你的坚强后盾。言谈之中，一定要让孩子感受到父母的无私之爱；行为表达时，一定要让孩子感受到父母的情感支持。

第三辑 ▶

青春期父母备考课程：
有准备才能打胜仗

1. 寒假返校前一周，父母可以为九年级备考生做些什么

孩子们经历了一个寒假，尤其是过了个春节，身心都很放松。宏大梦想被起伏跌宕的游戏带离了精神轨道，胸中大志被松散无序的假期生活搅得支离破碎，浑身干劲被温暖酥软的被窝融化成拂柳春风……他们心灵深处有个声音在不断叫喊：不要开学，不要开学。另外一个声音又在恐惧地提醒：要开学了，我的作业还有好多没完成，怎么办？怎么办？

纠结、烦恼、苦闷、不甘，甚至失眠、食欲不振、浑身无力……这便是开学综合征。

孩子们在开学第一周出现此种状态实属正常，置之不理，过一两周时间，此状态就会自动消失。其他学段的孩子，出现开学综合征确实不算大事，不会造成破坏性影响。但要参加中高考的学生，只有四个月左右的备考时间，别说一两周，就是一两天也耽误不起。

因此，消除开学综合征这场仗必须提前打，并且由父母帮助孩子打。"打仗"的时间就在开学前一周，也可以提前到两周。具体怎么打呢？

首先，打好作息时间这场仗。

（1）晚上11点前必须上床睡觉。睡觉时，手机最好不放在枕头旁（即便高度自律的孩子，也建议把手机放在离枕头较远的地方），引人入胜的小说也不可以出现，床头可以放语文、英语、历史资料，睡意没来时背背上述学科的相关知识点（只要让他们背书，相信他们睡得很快）。

这里要提醒家长：有些孩子会说睡不着，不愿上床。这个时候，家长的态度要强硬——睡得着要去睡，睡不着也要去睡！总之，晚上11点以前必

须躺床上睡觉。

（2）早上7点必须起床。正式开学后，孩子们若不想迟到，6点30分必须起床，离校较远的同学6点就得起床。作息时间调整期间不可操之过急一步到位，可以从7点逐渐过渡到6点。

（3）中午按时吃饭，按时午睡。我正月初四打电话到部分同学家里进行访问，有些家庭下午2点30分了还在吃午饭。过年期间随意一点无可厚非，开学前一周还这样无序的话，孩子开学就会跟不上节奏。

其次，打好文具准备这场仗。

说起这一点，很多家长，甚至很多老师会说，九年级的学生了，连自己的文具都搞不定吗？当然搞得定。我读初中时，从来就没让父母操过心，甚至我读哪个班，哪些老师教我，我的班主任是谁，我父母都不知道，但我仍然把书读好了。可是，我心里总是有诸多遗憾，总觉得我这一辈子，无论做什么都在单打独斗，不论多重的担子都是一个人在挑，经常会感到孤立无援，无奈之下只能咬牙去拼。这份独自承担一切的生命状态看似很厉害，其实很累，很孤单，感觉生命里总是缺少一些温暖的东西。因此，我的心比较冷，也比较硬，这是我所不喜欢的。做了老师后，我不希望学生像我一样，总是孤立无援。我希望家长能给予孩子心理和物质上的支援，尽可能地让他们感受到家长的力量。这样，他们一辈子都活得有底气，只因无论在何时，背后都有人撑着。

与孩子一起准备文具，或者提醒孩子购买所需文具，对孩子的文具表达自己的看法，帮孩子清理文具，不是把孩子当妈宝，而是要告诉孩子：你的每一点，我都很在乎，我们始终和你在一起。

九年级学生需要哪些文具呢？透明文具袋1个，黑色水笔若干支（这个消耗量最大，多多益善），红色水笔若干支（红色笔主要用来订正作业，用量不大，但必须准备三四支），荧光笔一盒（可用来标注重要知识点），数学学科全套用具，物理学科实验盒……其实，这些孩子都知道，我把它们列出来，无非是想帮助家长在参与孩子的成长时对这些文具有概念。

再次，打好着装这场仗。

这场仗看似最简单，却往往会搞砸。孩子们上学需要哪些服装？校服、礼服，还需要运动鞋、钉鞋、皮鞋。校服和运动鞋天天穿，礼服和皮鞋则是周一早晨的升旗仪式穿，钉鞋则是体育老师要求穿时再穿。

这个说起来很简单，孩子们也最容易做到。没错，这不是个难事，但真正开学时，往往有很多囧事——

（1）怎一个"皱"字了得？很多孩子的礼服不知道是从哪个角落扯出来的，皱皱巴巴，穿到身上参加开学典礼暨升旗仪式，实在不太美观，孩子也很尴尬。

（2）搭配很不和谐。有些女孩的裤袜找不到了，裙子里穿条长裤，脚上还蹬一双运动鞋，看起来很不协调。

既然自己的孩子还不具备足够的审美能力，做父母的可以提前提醒孩子将校服、礼服、裤袜、鞋子等拿出来洗干净，熨烫好，这也是亲子交流的好机会。

最后，打好心态这场仗。

这个心态不仅是孩子的心态，更重要的是父母的心态。开学即是备考，整个学期都在为6月的那场大考做准备，所以必须听从老师的指导，按部就班地夯实基础，抓牢中档题，啃下高难度题。只要把过程做好了，考试就交给运气了。

父母在结果没有出来时，不要老强调结果，而是要监控过程，及时肯定孩子在过程中的优良表现。

强调过程，孩子就会运用近思维去把握当下，心态就会积极，行动就会迅速，坚持性也会更强。强调结果，孩子就会运用远思维去扩大焦虑，心态很容易崩盘，行动也会变得迟缓。

古人打仗时常强调一个基本原则：兵马未动，粮草先行。那么，亲爱的家长们，孩子们人生的第一场仗就要开打了，你的"粮草"准备充足了吗？

最后，还有个温馨提醒：检查孩子的寒假作业是否按质按量完成。千万别只问一声：作业写完了吗？而是要亲自检查，然后郑重其事地签上自己的名字。

2. 开学之初，父母如何帮助孩子制订备考计划

毛泽东曾在《解放战争第二年的战略方针》中说："不打无准备之仗，不打无把握之仗，每战都应力求有准备，力求在敌我条件对比上有胜利的把握。"

中考何尝不是一个人一生之中的第一场硬仗呢？因此，从战略角度来讲，家长和孩子必须针对自身学力制订一份可行的复习计划。具体怎么制订呢？

（1）分析上一届中考形势，明确自身差距。首先，研究上一届各学科的中考试题。可以关注其难度、知识点分布、考查角度和考查方式等，从而对比自己的学习情况进行调整。其次，弄清上一届的录取情况。家长可以参考孩子九年级上学期的考试成绩，取其平均值，与上一届各公办学校的录取分数进行对比，看看自家孩子处在哪个位置。

（2）分析九年级上学期每一次考试的成绩，找到突破口。为什么要把每一次的考试成绩拿来进行对比分析呢？因为只有全面分析，才能找到孩子知识网里的真正漏洞。下面我以小天的三次语文成绩为例进行分析。

小天三次语文成绩分别是 62 分、73 分、70 分。

选择题共 5 个，小天三次都没有得到语音题和病句题的分，这就充分说明，小天在语音上存在学习困难，他必须把七至九年级六册语文教材的每篇课文后面所有词语的读音记牢固才能过关，绝不可心怀侥幸。他的病句修改也不过关，说明他的语感较差，没有记牢病句类型，必须把每一种类型的病句记下来并理解透彻。除此之外，还要进行相应的配套练习，练到看见病句

就能一眼发现问题才能确保不丢分。

10分的古诗文默写，他一次满分都没得到，并且分数都在5分左右。从答题卷来看，都能背诵，但错字严重。这就说明小天背古诗文只背音不背字，没理解相应字词的意思。要填补这个知识漏洞，就必须把每一首古诗默写一遍，找出错字，反省自己默写时是怎么理解字意的，这个字本身是什么意思，尤其是这个字的形旁表示什么意思。根据形旁推测其意思，这是汉字的精髓所在。小天多次把"千里共婵娟"的"婵"写成"蝉"，说明他不知道"婵娟"是什么意思。"婵娟"在诗句里指月亮，也可以指嫦娥，泛指一切美好的东西，所以它跟女性有关，必须用"女"字旁。只要弄懂这个意思，他就再也不会写成形旁为"虫"的"蝉"了。

当然，其他题目、其他科目也可以这样分析，这里只是抛砖引玉。家长按此方法与孩子一起分析，就很容易找到孩子存在的知识漏洞。

（3）确定明确的目标，帮助孩子找到奋斗的方向。帮助孩子锁定一所与自身实力相匹配的学校，这样孩子学习起来容易看到希望，学习动力才能持久。然后再帮孩子选一所心仪的学校，这样一来，孩子的干劲会更充足。最后，选一所保底学校，职校也行，确保孩子考试失利之后还有书读，孩子才不会感到绝望。

这里我要特别提醒：这一切都应与孩子共商，达成一致才有作用，家长千万别越俎代庖。

（4）找出可以用来复习的碎片时间。孩子在学校的时间基本上由老师安排了，能够自由安排的只有课间和放学至晚修的空隙。课间需要休息，有时还会被老师叫去培优纠偏，放学之后要赶着去食堂吃饭，不然赶不上晚修。

除了晚修之后以及周末，家长可以帮孩子算一算，一天之中还有哪些碎片时间可供利用。例如，早晨起床洗漱的时间，可以一边洗漱，一边听英语口语训练，这里应该挤得出20分钟时间。上学路上，最少有20分钟可以利用，一边走路一边背古诗，很安全，且有效。我读书时有一个学习秘诀，就是把所有的碎片时间都利用起来。中午回家吃午饭、等饭的当儿，可以刷两道数学题。吃过午饭养胃时可以看几篇积累素材的好文章。午睡前，可以背5个英语单词。晚上的时间就让孩子好好写作业，完成老师安排的作业也很重要。周末，可以根据孩子的学业情况，该补习就补习，该写作业就写作业。还有，千万别阻止孩子去锻炼。我儿子即使上高三，每天也会保证打30分钟篮球，身体棒棒的，再大的压力都吃得消。

（5）将未掌握的知识梳理到任务本上。我建议孩子为每门学科准备一个任务本，将每门学科没有掌握的知识点细分，逐条写到任务本上，复习时按图索骥。

把知识点梳理到任务本上，完成一个打一个勾，既能做到一个不漏，又能获得成就感。其他学科也可以如法炮制，复习效果就会明显提升。现在的一些孩子存在很强的惰性，很功利，认为这样做很麻烦，事实上这是非常有效的学习方法。我个人以及很多愿意听从我建议的学生，都用此方法在考试这条路上走得很顺。

（6）防止拖延，当日事当日毕。要给孩子立规矩，既然做了计划，就必须按计划执行。孩子如若不愿意执行，家长要督促，不过态度要温和坚定，千万别粗暴武断。为人父母者，必须为子女计深远，舍不得孩子吃苦，硬不起心肠管教孩子，孩子就不可能有真正的成长。

我年少时，只要与母亲制订了一致的计划，就必须不打折扣地执行。如果我想偷懒，必定没有好的结果。当初很多人认为我母亲心狠，对待女儿太过苛刻。我长大之后才明白她的教育智慧，深深折服于她对我的严格管教，才让我习得独立、果断、自律、坚持、坚韧等优秀品质。我也正是靠这些优秀的品质走到了"全国知名"和"全国优秀"的位置。

我今天所说的不过是抛砖引玉，家长可以根据自己孩子的实际情况，制订切实可行的学习计划。

3. 住宿生周末回家，父母怎么做才能成为孩子的动力源

父母首先要共情。如果是你，十四五岁，离开父母与同学住在学校的宿舍里，你会有哪些感受？只有感同身受，才能设身处地给到孩子想要的关爱。

从居住环境来讲，学校宿舍的条件虽然有了很大改善，但总是不如家里自在、方便。所以，孩子内心会有局促不安之感，他们渴望更大的活动空间和心灵自由。

从人际关系来讲，同舍之谊比之家人之间牢不可破的亲情相差甚远。虽然孩子在学校接受的都是"团结友爱、互相帮助"的教育，但来自不同原生家庭的孩子住在同一个屋檐下，总是有很多难以解开的人际纠葛，使得他们心里有很多烦恼。

从情感寄托来讲，住在学校宿舍的孩子，见不到自己的家人，心里总是空落落的。尤其是学习有困难、人际有纷争时，心里容易滋生出很重的挫败感。

从自由程度来讲，学校宿舍比起家里，实在太不自由了。何时关灯，何时起床，都有严格的规定。若想挑战规矩，一旦被宿管或班主任逮了现行，少不得一顿教训。

曾经有不少住宿学生用电影来形容他们一周的生活：星期一——《走向深渊》；星期二——《路漫漫》；星期三——《夜茫茫》；星期四——《冲破黎明前的黑暗》；星期五——《归心似箭》；星期六——《胜利大逃亡》；星期日——《快乐的单身汉》。可见孩子们到了周五就特别

想回家。

除此之外，住宿生还存在一个隐藏风险，那就是一旦遇到品行不端或自由散漫的宿友，意志不坚的孩子就有可能被带偏。

当然，不能因为存在上述情况就否定住宿的好处，凡事利弊同存，关键是怎么取舍和应对。有许多住宿学生不仅增强了独立生活的能力，也与舍友结下了深厚的友谊。

我今天要说的主要是针对毕业班的住宿生，他们毕竟6月要参加选拔考试，压力非同一般。那么，这些孩子周末回家时，父母究竟怎么做才能把家庭变成加油站，让孩子周日返校时意气风发、高歌猛进呢？

（1）家里一定要有人等候。如果条件允许，父母之一能去学校接孩子回家最好。如果没时间接孩子，最起码父母之中有一个要赶在孩子回家之前回到家里等孩子。孩子回到家看见父母，心里就特别踏实。我儿子上中学时，因学校离家较近，没有住宿，但他每天下午放学回家，只要没有看到我和他爸爸，就会心急火燎地打电话找人。只要有一人在家，他就安安心心地去房间写作业了。

如果父母不能提前在家等候孩子，家里有爷爷奶奶等候也可以。如果家里没有老人等候，可以给孩子留张纸条，上面写"欢迎回家"之类的文字，还要告诉孩子没有提前回家等候的原因，最后要告诉孩子父母回家的具体时间，或者在哪个柜子里给他准备了好吃的。

孩子感受到父母浓浓的爱意，才渴望回家。相反，如果孩子回到家里像进了冰窖，就会想方设法逃离这个家。

（2）先谈生活后谈学习。孩子周五回家，身心疲惫，最想做的就是脱下校服洗个热水澡，躺床上听个音乐，玩个游戏，和远方的朋友聊个天，刷刷抖音，浏览一下网上的信息……

这个时候，父母要求孩子去写作业，或者问他语文、数学、英语考得怎么样，再或者是恨铁不成钢地说，一回家就知道玩，虽然家长的要求本身没有问题，但放在这个时候就不合时宜。在孩子看来，父母看重的只有成绩，成绩比孩子本身重要。由此他们就会推断出结论：父母不爱我。

好好的一场亲子团聚搞得不欢而散，这就是父母释放爱意的方式不当造成的。

这个时候父母要说：孩子啊，辛苦一周了，你最想吃什么啊？能在家里做一顿美食最好，一家人围坐一起吃得高高兴兴、其乐融融，真是人间值得。如果做不出孩子想吃的美食，那就带着孩子去外面吃他最想吃的食物。

吃饱了，玩得尽兴了，睡眠也充足了，身心都愉悦了，父母就可以与孩子谈学习了。我建议选在周六下午与孩子很正式地谈与学习有关的话题。

可以问一问孩子目前有哪些薄弱学科，需不需要请老师帮忙补习，再问问孩子在复习过程中遇到了哪些困难。这些困难家长未必能解决，但家长一定要清楚，你背后有个厉害的帮手，那就是孩子的老师。当家长得知孩子学习上的困难，要赶紧与老师沟通，请求老师的帮助。我可以很负责任地告诉家长们：老师一定会不遗余力地帮助你的孩子克服困难的。

最后，不忘向孩子提出要求，要求他下一次考试各科成绩应达到多少分（具体分数要根据孩子的实力来定，稍有提升就好，不要超出孩子的实力，压力过大会适得其反），总分名次应达到年级哪个位置。要求提出后，也要诚恳地告诉孩子：咱们努力做好过程，拼一个无怨无悔，最终结果如何，把它交给运气。

（3）为孩子准备一些零食，再给孩子一个深情的拥抱。吃好了，玩好了，学习也谈了，孩子该返校了。这个时候，妈妈要发挥作用了，去超市买一些零食，能纯手工做一些好吃的更好，装在食品袋里，告诉孩子，好吃的不能自己一个人吃，而是要与舍友分享。这有助于培养孩子乐于分享的品质，也有助于孩子建立亲密、健康的人际关系。我记得我读书时，有个舍友的妈妈特别会做咸菜（物质匮乏的年代，咸菜带给我们的美好记忆不亚于现在孩子们之间互请喝奶茶带来的美妙感），她每周回家都会带一大包咸菜回来与宿舍的同学分享，因此她的人际关系最好，活得也比很多人快乐。

孩子整理好东西欲出门时，妈妈不妨伸开双臂，给孩子一个深情的拥抱，温柔地告诉他：加油！妈妈看好你！妈妈相信你是最棒的！这可不是什么矫情，而是真情流露。一个妈妈，在自己的孩子面前怎么表达爱都不会被嘲笑，只会被感动。孩子小时，妈妈不拥抱，孩子长大了，也不会主动拥抱妈妈。

即便我儿子已经成年，我也会拥抱他。我只是告诉他，无论何时，我都在他的身后，不管他做得怎样，我都相信他是最棒的。我一直都固执地认为：一个人，如果连母亲都明确表示不相信他，那么，在他看来，这个世界谁还会相信他？他会对自己、对这个世界失望甚至绝望的。

（4）不论家里多难，都不要向孩子倒苦水。成熟的父母遇到困难都会想办法去解决，而不是把伤口和困难展示给孩子看。孩子连初中都没有毕业，他能解决什么问题？徒增他的烦恼而已。

孩子带着满身疲累回家，父母的责任就是帮助孩子把这一身疲累消除，然后送一个身心愉悦、积极向上、充满希望的孩子去学校。

4.老师反映孩子课堂上总是睡觉怎么办

九年级下学期,不论何时,去九年级学子的教室里走一圈,都会看到睡觉的同学,下课睡觉的场面尤其壮观。即便上课,睡觉的也大有人在。老师在讲台上侃侃而谈,学生在下面呼呼大睡,谁都不干涉谁,画面特别和谐。

明知道大战当前,为什么还敢睡觉呢?一个字:累!

我每次上连堂课,孩子们都特别累。一下课,很多孩子上下眼皮就黏在一起了。我见状,心里默念一声:倒!孩子们就像接收了指令一般,立马倒一片。

此情此景,令我这个班主任特别心疼。这些孩子太累了,每天都有背不完的知识点,写不完的测试题。这堂课的老师还没走下讲台,下堂课的老师就候在教室门口了。

所以说,备考阶段,孩子趴在课桌上睡觉实在是太正常了。但如果孩子总是在课堂上睡觉就需要引起重视了。

孩子为什么总是睡觉呢?这个原因必须搞清楚。

(1)晚上熬夜导致白天上课精神萎靡而睡觉。

熬夜的原因有很多,据我所知,有以下三种情况:

①作业太多,写到深夜,耽误睡眠,导致白天睡觉。纯粹是因为作业太多,家长可以就此事与班主任以及学科老师沟通,请老师减少作业量。沟通之后,老师依然我行我素布置很多低质量的作业(这种情况并不少见),可以找年级长和教学主任沟通。沟通的时候要注意技巧,不要咄咄逼人,寒了老师的心。

②外部原因导致熬夜。比如写作业太磨蹭，写到凌晨一两点，或借上传作业为由，偷玩手机到深夜，又或卧室周围太吵睡不着。

对待写作业磨蹭的孩子，千万别顺其自然，要给予一定的帮助。孩子放学回到家，赶紧安排他去写作业，不仅要限定时间，还要把写字台以及周遭所有可能转移注意力的东西拿走。写作业时要提醒孩子先易后难，最好启用"任务本和成果夹子"，帮助孩子找到成就感。

至于心思缜密、心性机敏又特别贪玩的孩子，用手机读英语口语时要限定时间，数理化作业上传，家长可以代劳。说实话，这种情况本来应该在孩子还没有养成良好学习习惯的低年级才出现。但可惜的是，很多家长最初没有帮助孩子养成自觉自律的习惯，到了备考的紧急阶段，不得不采用此种费时费力的办法，成本确实很高。不过，亡羊补牢总好过弃之不管。

如果是因为环境吵闹影响孩子睡眠，那就要想办法隔离这种吵闹。我儿子上九年级时，我的租住屋前方正在修房子，白天黑夜都被巨大的轰隆声包围。为了不影响孩子的睡眠，我赶紧重新租房搬家。新家周围很安静，孩子午休和晚间睡觉的质量都得到了保障。

③心性要强，主动熬夜。有些孩子一心想要考名校，做完老师要求的作业后，又给自己加了不少学习任务，每晚沉迷学习不能自拔，没有父母的提醒就不睡觉。

孩子爱学习当然求之不得，这就是人人羡慕的"别人家的孩子"。我读书时是这样，我先生说他读书时也是这样，我儿子上高中时也是这样，根本舍不得去睡觉。我觉得我属于特例，身体很好，不管晚上熬夜多久，白天都精神抖擞。作为老师和母亲，我不赞成孩子晚上过度熬夜，伤身不说，还伤神。尤其到了白天，精神困顿，老师在讲重点内容时，很容易忽略掉，搞得晚上又熬夜来补，形成恶性循环。到了最后的作战阶段，状态不佳，即使努力了，也考不出优异的成绩。

对于这种好学的孩子，家长不要看在眼里、喜在心里，而是要规定孩子的睡觉时间，最迟晚上11点要上床。如果孩子到点没有睡，家长要强制孩子去睡觉，告诉孩子：咱们比的又不是短期，人生打的就是持久战，学习很重要，身体也很重要。在智力、学力、能力同等的情况下，人们拼的就是身体。

（2）学习效果不佳，丧失希望，导致精神颓靡。

有些孩子基础薄弱，学力不足，无论怎么都学不懂，想去读职校，父母又不同意，逼着他们参加中考。当一个人对他所做之事看不到希望，想走另一条路又被堵死之后，确实很难打起精神咬牙一搏。

对于这类孩子，我个人觉得家长根据实际情况，接受孩子本来的样子，支持他们的选择，就是对他们最大的负责。

（3）身体孱弱，经不起学习压力，精神萎靡爱睡觉。

这样的孩子不多，但每个班都有。这类孩子身体素质不太好，食欲不振，很是瘦弱，跑不动，走不快，稍有风吹草动就感冒发烧。学习压力小时，还经得住，到了九年级备考阶段，各学科压力纷至沓来，他们根本招架不住。

对于这类孩子，要把健康摆在第一位，学业成绩只能顺其自然，不要给孩子太大压力。老师反映孩子总睡觉，做家长的知道这个情况就行，不必责骂孩子，而是要鼓励孩子多休息、多锻炼，同时营养也要加强。孩子的体质增强了，毅力才能增强，精神才能焕发。

（4）对某门学科无感，一上这门课就会打瞌睡。

学生俊昌是个特别懂事温顺的男孩，他姐姐也是我教过的学生。可是我每次去上语文课，他都会打瞌睡。难道是他不喜欢我？我可是很招学生喜欢的老师。难道是我讲课不生动？学生都评价我讲课特别幽默、风趣。后来我问他，他说跟老师没关系，他从小学开始，只要上语文课就要打瞌睡。虽然俊昌语文课总打瞌睡，但他都能听懂，加上他的语文素养很不错，每次考试，语文成绩都拿得出手。

俊昌属于个例，很难模仿。很多孩子对某门学科无感，成绩也就彻底垮了。因此，家长要培养孩子的理性思维，明确告知孩子，现在是基础学习，每门学科都很重要，不是为兴趣而学，而是为责任而学。家长光说道理没用，还需要通过补习来提高孩子的成绩。当取得较为满意的成绩时，孩子就有感觉了。

（5）跟学科老师的关系出了问题。

九年级的孩子没有高三的孩子理性，他们如果不喜欢某个学科老师，就喜欢跟这个老师对着干。他们不会与老师发生正面冲突，但会采用非暴力不合作的方式。比如老师叫他起立，他就慢悠悠地站起来，有的甚至都不站起来；叫他拿红笔订正，他就拿黑笔乱画；叫他做笔记，他就一字不写……老师要是因为这些事责备他，他就立马进入睡眠模式。

对于这类孩子，除了老师要主动与学生沟通以求和解，家长也要与孩子进行深度沟通，弄清楚孩子与老师之间究竟出现了何种问题以至于破坏了师生关系。关系修复好了，孩子的状态就好了，课堂睡觉问题也就解决了。

5. 老师总是反映孩子不按时完成家庭作业怎么办

各位家长朋友有没有这样的尴尬经历：上午好不容易把手头的事忙完，打开孩子的班级 QQ 群，就看到好几个老师在群里投诉，如张同学多次没有完成历史作业，家长究竟怎么监管的啊？王同学的物理作业昨晚没有上传，家长怎么不帮忙上传啊？昨晚的英语口语练习有五六个孩子没有完成，家长是忘记提醒了吗？昨晚刘同学的数学作业打了折扣，留了好多空白，家长也签名了……

老师投诉完毕，还不忘在群里点评：学习态度这么不端正，怎么可能考出优异的成绩呢？家长都不着急，我们老师着急有什么用呢？

有些老师点评完毕还要来几句抒情：看到某些同学的学习态度，我真是无话可说……中考要是考不上，怎么办啊？我真是咸吃萝卜淡操心啊……

这些老师在无病呻吟吗？不！他们很无奈，很无力，因为是家庭作业，孩子们是在家里完成，老师没法监督，也没法掌控，又不可能每次查到孩子不写作业都找家长，于是就只能在班级群里吐下槽。家长能重视固然好，不重视也就不了了之。

作为家长，看到老师在群里的各种吐槽，肯定会焦虑。我儿子经历了中考和高考，我感同身受。也正是这个原因，我不会在班级群里吐槽，更不会轻易把焦虑情绪传递给家长。我能帮家长解决的问题，绝不会转移给家长，但也仅限于孩子在学校产生的问题，他们在家里的表现我也无法掌控。所以，还是要依靠家长的配合，家校共同发力，孩子才会进步。

那么作为家长，当老师反复提到你的孩子不按时完成家庭作业，你就不能视而不见、听而不闻，必须查清楚孩子不写家庭作业的原因，然后采取相应的措施。

能够留下来决战中高考的学生，应该很清楚写家庭作业对提高他们的学科成绩是有帮助的，为何他们还不写呢？

有一类学生认为自己升学毫无希望，纯粹就是在父母的要求下坐在教室里当陪读，他们往往很抗拒写作业。尤其是九年级最后一学期，他们看见部分同学选择了春季职校，去读他们喜欢的专业，而自己还在这里当陪读，升学无望，职校也读不成。既然看不到前方的道路在哪里，为什么要咬牙奔跑呢？

对于这类学生，家长要面对现实，给孩子选择的机会。如果实在要让孩子体验备考的紧张、中考的艰难、失败的疼痛，那就要做好孩子的思想工作，让其心甘情愿接受这番历练，而不是将其扔到教室就不闻不问。

还有一类学生是根本不会写家庭作业。我曾经看到一个女孩写英语试卷，题目都没看，不到1分钟就把一张试卷写完了（全是选择题）。我大吃一惊，问："你题目都不看就写了出来，准确率有多高？"女孩回答："不知道，有可能是0。"我说："那你岂不是白写了？"女孩回答："没办法啊，我根本就不会写。"我这才算明白过来，孩子不写家庭作业，有时并非懒，实在是她根本不会。

对于根本不会写作业的孩子，不必强求，可以先帮他们补漏。家长可以跟老师沟通，减少孩子的作业量，降低作业难度，匀一些时间出来补知识漏洞。

除上述两种情况外，其余学生都是有能力完成家庭作业，但呈现出来的结果却是"完不成"，原因何在呢？

（1）学习态度不端正，自觉性很弱，能偷懒则偷懒。

这类学生成绩不错，但劲头不足，对自己的未来缺乏规划，对当下的生活缺乏激情。他们的生命状态就像湖泊里的一叶没有船桨的扁舟，随风而行，风止舟停，随遇而安。

这类学生在没有找到人生目标之前，特别需要外部力量督促。在学校里，老师确实可以起到督促的作用。在家里，父母必须亲自上阵，不遗余力地督促他们完成家庭作业。孩子完成一门学科的作业，父母一定要检查签名。孩子不勤快，父母懒不得。

我见过很多这样的学生，初中时不懂事，需要父母监管，到了高中就慢慢懂事了，学习变得主动，生命状态由一叶扁舟变成了水上摩托，考大学不再是难事。

（2）叛逆，故意跟老师作对。

这种情况男孩居多。九年级刚好是男孩的青春期，他们的身体在各种激素的刺激下，处于失衡状态。如果他们的价值体系出现问题，亲子关系不和谐，同学关系别扭，性格也很暴躁，就很容易叛逆，而引爆叛逆的往往是一些不懂青春期学生心理的老师。比如他们上课讲话，老师当大家面批评；或者他们作业做得不够好，老师当大家面吐槽了；又或者他们考试成绩不佳，老师当大家面表示失望了……这些都会引起他们心里的不爽。

青春期没来之前，老师这样说是没有问题的，说不定他们自己也跟着大家"呵呵"呢。但到了青春期，他们就是敏感的"小怪兽"，需要在大庭广众之下被点赞。

那么作为家长，如果你的孩子没有遇到深谙青春期心理的老师，该怎么办？

①跟老师沟通，告诉老师，你的孩子进入青春期，很敏感，爱面子，有些小叛逆，希望老师在批评他时客观、理性一些，最好私下批评。

②培养孩子的钝感力。我推荐各位家长阅读渡边淳一的《钝感力》一书，里面有一些具体做法。另外，还可以上网查询一些具体的做法。

（3）作业太多，且质量一般，做了对学习帮助不大。

这种情况确实存在，并且为数不少。有些老师布置作业比较随意，既不考虑时间，也不考虑难度，更不考虑多寡，只要是与学科有关联的作业，布置一大堆，学生做得苦不堪言。

对于此类情况，学生选择性地忽略掉一些作业，我认为并非坏事。这说明孩子很有主见，分得清主次。重点在于家长要与孩子沟通，确定老师布置的作业是否纯属浪费时间。比如反复抄写，既浪费时间，又无效果，确实可以忽略掉。但如果是需要动脑和动笔理顺思路的题目，那就不能忽略掉。以我所教的语文学科为例，如果我要求学生反复抄写古诗词，反复做语音题，反复抄写成语解释，确实浪费时间，可以忽略，但如果我要求学生做实用文体和散文的阅读题，学生也忽略掉的话，那么考试时，阅读这个板块就要打败仗。

（4）"欺软怕恶"。

这是个含贬义的词语，用在学生身上不妥。用"软"和"恶"来形容老师也不好，但学生自己的表达就是这么回事。在他们眼里，哪个老师脾气好，容易放过他们，他们就会忽视这门学科的作业。哪个老师脾气大，绝不轻易饶过他们，他们就会乖乖地完成这个老师的家庭作业。

如果你的孩子存在这种情况，就要引起警觉。这已经不是写不写家庭作业的问题，而是出现了认知误区。

此时要告诉孩子：我们做属于自己的事情，跟别人的脾气态度无关，跟自己的需求有关。

6.孩子觉得考不上理想学校，缺乏学习动力怎么办

有个很有趣的故事，叫作《18只狐狸吃葡萄》，大家不妨去读一读，或许会受到一些启发。

葡萄架子很高，狐狸个子很矮，要吃到葡萄几乎是不可能的事，因此，绝大多数狐狸放弃了吃葡萄的想法和做法。唯有三只狐狸吃葡萄的方式很特别，把不可能的事变成了可能。

第一只狐狸来到葡萄架下，发现葡萄架要远远高出它的身高。它站在下面想了想，不愿就此放弃。想了一会儿，它发现葡萄架旁边有梯子，想起农夫曾经用过梯子，于是也学着农夫的样子爬上去，顺利地摘到了葡萄。

这只狐狸采用的方法是直面问题，优化策略，最后解决了问题。

第九只狐狸来到葡萄架下，同样是够不到葡萄。它心想，听别的狐狸说，柠檬的味道似乎和葡萄差不多，既然我吃不到葡萄，何不尝一尝柠檬呢，总不能在一棵树上吊死吧！因此，它心满意足地离开去寻找柠檬了。

这只狐狸的行为在心理学上被称为"替代"，即以一种自己可以达到的方式来代替自己不能满足的愿望。

第十只狐狸来到葡萄架下，它看到自己的能力与高高的葡萄架之间的差距，认识到以现在的水平和能力想吃到葡萄是不可能的，因此它决定利用时间给自己充下电，报了一个课程进修班，学习采摘葡萄的技术，最后当然是如愿以偿了。

这只狐狸采用的是问题指向应对策略，它能够正确分析自己和问题的关系和性质，找到最佳的解决方案，是一种比较好的应对方式。

如果我们把考上理想高中或大学比作葡萄，那些明显够不着葡萄的狐狸该怎么办呢？

要么向第一只狐狸学习，直面问题：数学不好就补数学，物理不好就突击物理，别人用一个小时学习，自己就用两个小时学习，即便考不上好学校，结果也能差强人意。

我教过不少这样的学生，基础中等，甚至还偏下，并且考试成绩起伏不定，但他们就像第一只狐狸一样，绝不逃避，只要有能提升成绩的办法，都愿意去尝试，坚持不懈的毅力最终让他们获得了生活的赏赐。

他们可能没有考上重点高中或大学，但他们都接受了系统的中等或高等教育。他们对职场、家庭都很用心经营，因此，人生展现出令人羡慕的锦绣画卷。

美国宾夕法尼亚大学心理学教授安吉拉·达克沃斯及其同伴的最新研究成果证明：最容易引领孩子走向成功的因素不是智商和情商，而是毅力。

对此研究成果，我深表赞同。就我个人的成长经历来讲，确实是毅力把我带向了成功，因为我的智商和情商都不算上乘，唯一的优点就是好学，并且是那种毫无功利之心的好学，特别能坚持的好学。因为好学，我反而淡化了考试的结果。我沉醉的是学习本身带给我的满足感，而非考试成绩带给我的成就感。

当孩子觉得自己可能考不上，缺乏学习动力时，父母不必给他们讲述读高中或大学的重要性。给孩子讲道理无异于鸡同鸭讲，没有效果。也不要恐吓孩子考不上大学未来是多么可怜——考不上大学的孩子在未来的职场上做得风生水起的也为数不少。再说了，孩子又不傻，外面的世界是怎么一回事，他们很清楚。

父母要做的是利用这个时机培养孩子的毅力。比如孩子觉得太困不想写英语作业，父母就要鼓励他：来吧，孩子，我陪你写，写完你会很有成就感。采用"温和而坚定"的原则，也就是不打不骂，不吼不叫，但无论如何都要求孩子完成。平时要多带孩子参加体育运动，比如慢跑、蛙跳、下蹲、游泳、爬山等。在生活上要关心孩子，比如营养要跟得上孩子的身体所需，睡眠要充足。毅力是一种能量，属于消耗型的，如果身体不强壮，拿什么去消耗呢？

要么向第九只狐狸学习，用另外一种方式来替代。这样的学生，我也带过不少。单看他们的文化课，考个好学校确实挺难的，但他们或擅长画画，或热衷音乐，或在体育上有天赋，于是选择了走特长生这条路。这些通过特长进入高中或大学的学生毕业后，发展得也很不错，很多做了插画师、广告策划师、活动策展师、瑜伽教练、音乐教师、体育教师等。

正所谓"条条大路通罗马"，只要心有所属，行动不怠，必定能走出一条康庄大道。作为父母，我们除了督促孩子文化课的学习，还可以让孩子发展自己的天赋，扬长避短胜过取长补短，是最容易走通的捷径。

如果孩子什么天赋都没有，并且成绩也很一般，那就鼓励孩子去考职校里最有前景的专业。我有两个学生现在发展得特别好：一个是调酒师，一个是珠宝鉴赏师。他们当初成绩很一般，尽管很努力，考出来的成绩距离高中录取分数线还是差了一大截。他们后来进了职校，一个读调酒专业，一个读珠宝鉴赏专业，当时这两个专业都没有机会考大学，但他们仍然非常努力，专业学得超级棒，就业时各自以专业第一名的成绩进入职场。经过多年的职场征战，这两个人现在都是公司不可替代的骨干，当年同班的很多学霸现在都比不过他们。

我曾经问过他们，明知道考不上还那么认真，是基于什么认知呢？这两个孩子异口同声说："老师不是一直强调读书就是为了把自己变聪明，以及摆脱生活的奴役吗？我们就是为了把自己变聪明，不被生活奴役才努力读书的啊！再说了，考场处处在，我们在书本知识的考场里无法胜出，但可以在人生的考场里胜出。"

这是我听过的最通透、最豁达、最美好的答案。

说到这里，想必很多父母明白了，要想激发孩子学习的动力，必须帮助孩子走出认知误区。这个认知误区就是：读书就是为了考试。走不出这个误区，孩子们对于学习的认知就特别功利。我经常遇到特别功利的学生，比如安排学生背唐诗时，我就想做个简单的赏析，以提升他们的鉴赏能力，顺便讲讲唐朝诗人的故事，以达到知人论世的目的。结果就有学生不耐烦地说："老师，考试时只考默写，只要写对了就得分，干吗赏析它呢，浪费宝贵的时间。唐朝诗人死了那么多年，听他们的故事又不能帮我们提分，有趣又有什么用啊？"看看，这些学生是不是很功利？他们的灵魂是多么无趣啊！

基于这种认知的学生一旦觉得所学不会考，便不会学，一旦觉得学了也考不上，便拒绝学，何谈动力？他们的动力只存在于为考试并且是为"考得上"的考试服务，不是为"学习本身"服务。

读书不仅是为了考试，考试只不过是为了检测课本知识学习的阶段性效果！读书是为了让自己成为一个丰富的、有趣的、能找到人生意义的人。

7.备考阶段孩子复习不见效果怎么办

小A和小D都是我的学生，两人都想考上心仪的高中。他们每天早来晚走，家庭作业每次都按质按量完成，课上课下都很忙，也都很努力，可是，每一次小测验，小A都比小D考得好。小A越复习越有劲，小D则是越复习越颓丧。

小D的妈妈就着急了，明明小D复习很努力，为什么却不见效果呢？

是不是越努力就越幸运呢？那倒未必！方向和方法不对，天道是不会酬勤的。那么，小D为何认真复习却不见效果呢？我帮他做了个分析诊断：

（1）复习方向有偏差，不跟老师的方向走。

用"我觉得"的直觉思维来指导自己复习，效果当然要打折扣。不论哪个学校，毕业班的师资配备都比其他年级强，多数老师多次把关毕业班学生的学习，就算有年轻老师在毕业班的教师队伍里，也有师傅带着。何况一月一次的科组会，教什么，怎么教，是必谈的议题。每周一次的备课组会议，也会把教材里的考点一个不漏地"揪"出来。

因此，家长要告诉孩子，一定要相信自己的老师，复习时要跟着老师的进度走。老师说第一轮复习是"跑教材"，那就要跟着老师把教材跑透；老师说第二轮复习是"专题复习"，那就跟着老师认认真真把各专题夯实；老师说第三轮复习是"知识整合"，那就要天天跟着老师去做试卷。一定要高度重视老师的讲评，老师讲评时不仅有重要考点的强化，还有考试技巧的提点。因此，考前复习一定要认真对待老师的指导。

（2）见题就做，缺乏针对性。

有些孩子贪多求大，买了很多资料，天天刷题不辍，殊不知这种没有针对性的刷题耗时耗力不说，还会损人心智。多做题肯定有好处，最起码可以保持对试题的敏感，考试时反应也会更灵敏。但如果见题就做，显然是走了岔道，费力不讨好。那么，怎样才能做到刷题有针对性呢？

有个"磨刀不误砍柴工"的活儿必须做，那就是把近五年本市的中考题拿出来认真做一遍，把每套题的考点梳理出来，以及考点呈现出来的试题类型总结出来，然后围绕这些类型刷题。当然，每年的考试也会增加新的题型，但一定要相信，考点不会变！因为命题的老师绝不会偏离课程标准去命题。

（3）复习没有重点，撒大网，一把抓。

有些孩子复习时患得患失，总觉得这里是考点，那里也是考点，全书都是考点。可以说全书都是知识点，但并非都是考点。因此，复习时要学会用思维导图，把各章节的考点梳理出来。

我在安排孩子自主复习时，看到有些孩子每次复习时都从头开始，问他们为什么不先复习重点，他们竟然"信心满满"地回答：我这是全面撒网，胜算更大。说起来是这个道理，但是考试时却不按这个道理命题。

所以，不仅孩子要备考，家长也要备考。不然，孩子走岔道了你都不知道。老师当然会盯着孩子以免走了岔道，但老师要盯许多学生，哪里能做到毫无疏漏呢？

（4）缺乏耐心，一挫就败。

有些孩子七、八年级不懂事，贪玩，基础很薄弱，到了九年级才想起要努力考高中、上大学。既然早期耽误了，后期就要付出更多的时间和精力，并且还未必有效。明白这个道理的孩子还能沉得住气，潜心复习，耐心等待进步。可有些孩子就熬不住，一看努力了效果还不明显，就像泄气的皮球，劲头全消。

对于这种情况，家长不要马后炮，天天在孩子耳前聒噪，说：我早叫你好好读书你不信，这下搞不定了吧，看你考不上高中怎么办？既然家长能预知这个结果，当初孩子不好好读书时，干吗不下狠心来管呢？家长总是这样说,只会把孩子逼到墙角,最后反咬一口:我那时不懂事,你干吗不逼着我学?我考不上高中怎么办?

那么,家长怎么做才能帮助孩子重拾信心呢?我建议家长找一个尖底的水桶,然后用一根管子往桶里放水,让孩子仔细观察,刚开始,水位上升很快,接着水位上升很慢,有个时段几乎看不到水位再上升。但只要继续往桶里放水,在某个瞬间,水突然就放满并溢了出来。复习知识就如往桶里注水,开始效果明显,慢慢地看不到效果,不是没有效果,而是知识点太多了,抓住了A,B还在那里躺着呢,把B抓住了,C又冒出来了,没完没了,只有耐着性子,把这些藏匿的知识点全部找出来并内化为自己的知识,那桶知识的水才会注满,效果才会显现出来。

(5)假装努力,收效甚微。

这样的学生并不少见。每天早来晚走,上课不讲话,作业不打折,看似忙碌,实则心空,看似努力,实则心懒。事实上,这也是一部分学生的生存潜规则。他们的价值观就是:反正我每天都按时来了,很守时;我上课也不影响他人,很守纪;我作业都按时完成了,很听话;我复习时,叫我做什么我就做什么,很配合。既然如此,那么,不论我考成什么样,老师和家长都不可以责怪我。

对于这类孩子,家长要帮助他们纠正认知:人是为自己活着的,必须为自己负责,不必介意外界的评价,而是要自省内心,自己最想要的是什么,就努力去追求,生活是过给自己看的,不是演给别人看的,所以不要逃避现状,要勇敢正视自己的困难,迎头而上。

所有假学习的孩子都很在意外部世界对他们的评价,所以他们往往选择逃避,把自己活成一个伪装的、听话懂事的好孩子,即便做得不好,也让其他人不忍心责备。

(6)情绪不稳定。

有些孩子赢得起,输不起。考得好,他们就自傲、自满,沾沾自喜,觉得美好前程就在眼前;考得不好,就灰心、丧气,气急败坏,觉得可怕的未来就在眼前。考试本就是一场没有硝烟的战争,这样的心态如何上得了战场?

针对这种情况，父母要降低对孩子的期望值，明确告诉孩子，人生路上，失败是必然，成功才是偶然。考出好成绩固然可喜，是幸事，考出不好的成绩，可以找出问题所在，不也是幸事吗？

一个人活着，究竟是成功还是失败，很难下结论，因为人生有太多的不确定性。这么说来，死亡证书才是一个人的毕业证书，在没有"毕业"之前，谁知道会有多少成败得失等着我们呢？

8.备考阶段孩子食欲不振怎么办

每次我带毕业班,最后一学期的备考阶段,很多家长会向我求助,说他们的孩子食欲不振,力不从心,复习效果大打折扣。为什么到了该释放能量的紧要关头,孩子们却食欲不振了呢?有如下原因。

(1)压力过大,忧思过度,造成肠胃消化功能下降,感觉不到饥饿。这是造成孩子食欲下降的主要原因。比如所学与所得不匹配,怎么学都不会,距离自己的理想学校差距太大,怎么努力都跟不上老师的复习节奏等,这些原因都会增加学生的备考压力。

(2)情绪紧张,引发焦虑、无助等紧张情绪,导致胃内分泌失调,引起食欲下降。2008年四川大地震,我是亲历者,当时真的是死里逃生,吓得不轻,后面的余震更是让我的情绪时刻处于紧张、焦虑之中。毋庸置疑,这种焦虑不安的情绪严重影响了我的食欲。余震不断的那两个月,我的体重骤降十几斤,精气神也大不如以前。地震与备考带给人们的紧张、焦虑当然不可相提并论,但紧张、焦虑会影响一个人的食欲却是不争的事实。

(3)过度的脑力劳动会引起胃壁供血不足,胃分泌减少,使胃消化功能减弱。我们可以给孩子们算一个时间账。就以我的学生为例,他们每天早晨7点10分准时早读,早读时间为30分钟,上午还要上5节课,每节课为40分钟,那么整个上午的学习时长是230分钟。下午2点到班进行15分钟的午测,然后连着上4节课,每节课仍然是40分钟,下午的学习时长为175分钟。晚上6点开始上晚修,一直到7点30分结束,学习时长为90分钟。算一算,孩子们一天在学校的学习时长总共为多少分钟?495分钟。以小时为单位换算的话，应该是 8.25 个小时。这还没有结束，孩子们下了晚修后，还要回家写家庭作业，速度快的孩子，写到晚上 11 点，速度慢的孩子，写到凌晨一两点也是有的。一个十四五岁的孩子，每天从事如此长时间的脑力劳动，确实特别辛苦，体质孱弱的孩子，根本扛不下来。

（4）时饱时饥，使得胃部经常处于饥饿状态，会造成胃黏膜损伤，严重者就会影响食欲。很多孩子放学后还忙于刷题，感觉饿了再去食堂吃饭，可这边晚修已经开始了，于是饿着肚子上完晚修再回家吃饭，错过了饭点。偶尔为之问题不大，经常为之当然伤胃。

（5）睡前吃得过饱，胃肠负担加重，胃液分泌紊乱，也会食欲下降。不少孩子喜欢晚修回家后再吃晚饭，这个习惯真的不好。晚修结束回家饱餐一顿虽然解饿，但也给肠胃增加了负担，影响睡眠，身体受损，从而诱发各种疾病。

（6）经常吃生冷食物，尤其是睡前吃生冷食物易导致胃寒，出现恶心、呕吐、食欲不振等现象。这种现象虽然不多，但一定存在。有些孩子特别喜欢喝冰冻饮料，吃冰淇淋，吃个水果也要在冰箱里冰冻一下。平时这样吃，问题还不大，但在紧张的备考阶段这样吃，就很容易出问题。持续劳累会降低一个人的免疫力。

还有两种情况也会造成食欲不振。一种是孩子生病了，这种情况属于生理性食欲不振，只有医生才能有效处理。还有一种情况就是部分孩子害怕长胖，故意少吃或不吃。这种情况需要家长做好孩子的思想工作，肯定他们爱美的想法，但不必节食，正常饮食是不会长胖的。即使长胖了，中考后有两个月假期可以恢复正常体重。

造成食欲不振的原因捋清楚了，家长朋友该如何做才能调整好孩子的食欲呢？

（1）给孩子减压。绝大多数孩子的压力是父母传递出来的。比如很多家长经常声称，考不上就不读书了，考不上就回老家，或者考不上你就去捡垃圾……这些"掐死你的温柔"把孩子们搞得很郁闷。当然，也不乏有家长会消极地对孩子的未来进行预测：你这样今后就会一事无成！这些当然很打击孩子，有主见且大气的孩子顶个嘴就完事了，懦弱胆小的孩子就只有自己吓自己了。因此，父母一定要经常对孩子说：不论你考得上还是考不上，都不会影响爸爸妈妈对你的爱！爱就要大声说出来，藏着掖着干吗呢？

（2）少说闲话，多研究厨艺。色彩美丽、香气扑鼻、味道鲜美、造型别致的食物，能使人体产生条件反射，分泌出大量的消化液，从而引起旺盛的食欲，利于食物消化与吸收。建议父母多研究菜肴的做法，想着法儿把孩子的胃口吊起来。著名教育学者刘铁芳说，会做饭的父母教不出坏孩子。天天研究厨艺的父母，养出来的孩子多数身心都健康，热爱生活，也热爱学习。

（3）保证就餐时的愉悦心情。就餐时千万别指责孩子，夫妻之间的分歧也不可拿到餐桌上来解决，一家人就餐时一定要保持愉快、舒畅的心情，这样才有益于人体对食物的消化和吸收。因此，就餐时尽可能说一些温馨的、轻松的、与学习无关的话题，还可适当地放一些悠扬、舒缓的歌曲，以音乐为"佐餐"，岂不快哉？

（4）家里卫生要搞好，不可充满难闻的气味。餐桌上要简洁、整齐，不可摆满杂物。家里要通风透气，光线充足，温度适宜，这样才有吃饭的兴致。

除此之外，还有一些营养专家的建议也值得家长朋友采纳。比如苏北医院临床营养科医生就建议：家长可让备考阶段的孩子多吃这几种减压食物：牛奶，因为钙是天然的神经系统稳定剂；香蕉，含有能使人愉快、舒畅的物质，钾能调节平衡；番茄和柑橘，富含平衡心理压力作用的维生素C；小米粥，维生素B族减压剂，可以平衡情绪、松弛神经；红茶，可以降低应激激素分泌，舒缓神经。

医生还说，备考阶段的孩子早餐要注意干稀搭配，温度适宜，准备一些牛奶、鸡蛋、肉类、米面类食物。多吃蔬菜和水果可增强记忆力，同时还能帮助消化，增加食欲。新鲜蔬果中含丰富的维生素C、矿物质和膳食纤维，能促进铁在体内的吸收，还可增加脑组织对氧的利用，使孩子头脑清晰、思维敏锐，提高学习效率。

有个网友针对"考试期间的孩子该如何吃"提出了非常专业的建议，我把它贴在文稿里，供各位家长参考：

不要过于改变平时的饮食习惯，选择常吃的食材就好。有的家长在考试期间为孩子做各种大餐，孩子身体接受不了，反而易引起不适。建议考试期间饮食习惯和平时基本保持一致即可，火锅烤串之类易上火的、冷饮冰淇淋之类寒凉的、西式快餐之类高热量低营养的，还有吃完了嘴里有味道的（会影响心情）以及酒类，一定不要碰！

建议以少油、少辣的清淡饮食为主，重口味和无肉不欢的宝宝，考试期间请适当克制！即使是肉的烹调，也建议以少油的炖、凉拌等方式替代煎、炸。若考生食欲不振，建议三餐中加入一些开胃菜肴，如西红柿、豆腐、爽口的凉菜等。

考试期间的饮食，要注意盐、生抽、酱等的用量，不要过咸（会口渴）。也不要让考生喝太多汤水，牛奶、豆浆都要适量，粥可以熬得稠一些。

考试期间建议以清淡、饱腹感强的饮食为主，营养均衡，注意主食、果蔬、肉蛋奶、油类的科学搭配。适量摄取些粗粮，可以延长饱腹时间，如早餐的粥里加燕麦，午餐的米饭里加一把糙米或绿豆等。

每餐吃8分饱为宜，不要吃撑，否则会撑得难受或是考试时昏昏欲睡。早餐建议清淡的主食搭配蛋白质，如粥加鸡蛋或鸡蛋饼加少量酸奶、牛奶、豆浆。午餐建议选择米饭、馒头等平和的主食，搭配优质的肉类和蔬菜。晚餐选择低脂、清淡、易消化的食物，如粥、小凉菜等，避免积食影响睡眠。

最后，还有一个温馨小提醒：如果不知道如何为孩子做出可口的饭菜，就去搜索"考生食谱"。

9. 孩子回到家里总是离不开手机怎么办

我儿子在九年级和高三备考阶段，怕自己控制不住使用手机，周一到周五主动把手机交给我保管，周末使用的也是一个我弃之不用的翻盖手机，除了打电话和发信息难有他用。

作为家长，我很幸运，没有因为手机之事与孩子撕破脸。可是，有很多家长，就没有我这般幸运了。他们的孩子即便已经进入紧张的备考阶段，仍然对手机不离不弃，甚至还非常依赖，很多家长因此与孩子上演了亲子战斗大片。这可怎么办才好呢？

解决这个问题并不难，关键是家长们一定要搞清楚自己孩子为何在大考来临之际还离不开手机。具体原因分析如下。

（1）没把学习以及中考当回事。有些孩子认为自己就算努力了也考不上，所以自动放弃。有些孩子是认知存在问题，认为书就是为老师和父母读的。曾经有学生威胁过老师："你要是不对我好点，我就不给你学习！不给你考试！故意给你考差！"还有些孩子从来就没有在学习中体会到成就感和快乐感，所以也不觉得学习有多重要。具有这些特点的孩子，给他讲道理，让他把手机藏起来认真学习，我敢保证，谁给他讲道理，他就跟谁急。

（2）自制力比较弱，经受不住网络里的各种诱惑。这些孩子并非没有理想，也并非没有能力达成自己的目标，但意志力很薄弱，一看到手机，脑海里就跳出各种好玩、好看、好听的信息，于是忍不住捧起手机玩了起来。男生主要是打游戏和漫无目的地刷屏，女生主要是刷视频和聊天，当然还有不少孩子沉迷各种二次元动漫。他们本来打算玩 10 分钟以犒劳自己所付出的努力，哪知不知不觉就玩了 30 分钟，再然后是 60 分钟。等从手机里挣脱出来时，他们又十分懊悔：我又浪费时间了！

（3）情感孤独，不得不靠手机缓解。青春期的孩子会因为很多原因感到孤独，但又不知道如何化解，于是就会借助手机消除孤独感。即便不看人，刷刷新闻，看看段子，跟帖评论，也能找到自己的兴奋点，如此一来，寂寞就烟消云散了。可是，当这些孩子从虚拟世界回到现实世界时，内心充满的是更深一层的寂寞与空虚。

（4）有严重的依赖症。什么叫依赖症？就是指带有强制性的渴求，追求不间断地使用某种药物或物质，或从事某种活动，以取得特定的心理效应，并借以避免戒断综合征的一种行为障碍。这个解释有几个关键词我们要搞懂：强制性、不间断、心理效应。简单地说，就是成瘾。

手机依赖就是依赖症中的一种，表现为：看到手机，或者听到手机铃声，就忍不住要用手机。一旦没看到手机，或者没听到手机铃声就坐立不安。对手机极度依赖的人，一旦没有手机简直就是要了他的命。为什么有些孩子的手机被老师没收了，他就要着急呢？因为他们的精神世界里只有手机，外界把他所依靠的东西拿走了，他的精神世界也就坍塌了，难免做出极端的行为。

（5）疯狂追星。追星的孩子每天都要关注偶像的一切。家长要是对他追星表达不满，孩子立马就不高兴。有个学生就因为妈妈对他追的明星给了差评而与妈妈大吵一架，甚至差点动手。孩子们要追星，怎么少得了手机呢？一回家就看手机，也就不难理解了。

搞清楚这些原因后，家长可以做哪些努力呢？

（1）让学生体验艰苦生活，提醒孩子当下要努力。道理就不说了，他们会选择屏蔽。我建议家长找个时间带孩子去一些工厂的流水车间，或者一些穷困落后的山村，让孩子亲自参与劳动，体会一下挣钱的艰辛。我儿子曾经有段时间不爱学习，并且还经常大放厥词："我不读书也可以挣很多钱！"正好我学校食堂有个老乡，周末都会去工地背砖。我请这位老乡带我儿子去工地背砖。我儿子听说背一天砖可以挣 60 元钱，就兴高采烈地跟着老乡去了。晚上回来，确实挣到了 60 元钱，但累得话都说不出了，肩膀上还勒出了深深的血印。自那以后,他不再狂妄,读书也勤奋很多了。当孩子内心深处有了读书的渴望,手机就不是阻碍他前进的障碍物了。

(2)帮孩子重塑信心。真诚地告诉孩子,就算考不上高中也不是绝路一条。真正的绝路是自暴自弃,是不求进取,是沉迷手机。我一个同事的女儿,成绩不尽如人意,可是这个孩子有一股子倔劲,明知考不上还是不放弃,最后她选择去职校学家居软装。她本来有美术天赋,加上那股倔劲,在职校里一路领跑,后来参加全国职业技术联赛获得大奖,就业时很多上市公司争着要她。现在,这孩子已经是一家家居软装公司的老板了。如果当初这个女孩因为自己不够优秀而沉迷手机,那她的人生就真的被自己毁掉了。

(3)与孩子约法三章,互相监督。备考阶段,家长与孩子都不可沉迷手机,彼此要定下契约,互相督促。有些家长口口声声不准孩子玩手机,可自己整天手机不离手。自己都做不到,在孩子那里,有什么说服力?我儿子中高考的备考阶段,我们家也针对全体成员定下"三不准":所有家庭成员不准看电视,不准玩手机,不准因意见分歧而吵闹不休。我们不仅要约束孩子,更要约束自己。身教一定重于言教,家长一定要起到示范榜样的作用。

(4)建立和谐幸福的家庭关系。孩子生活在孤独寂寞的家庭,他在情感上可以依赖谁呢?如果没有可以依赖的人,那就一定要依赖某个物。鉴于此,夫妻要在认知上达成一致:只要两个人的感情还没有破裂到非离婚不可,那就认真对待这段关系。如果不知道如何表达情感,不懂两性沟通,我建议各位读一读《爱的五种语言》这本书。相信在此书的指导下,夫妻关系会处得如鱼得水。只要孩子生活在一个温暖、和谐的家庭,就不会手机成瘾,即便迷恋手机带给自己的快乐,在关键时刻,还是听得进父母的谆谆教导的。

(5)走近孩子追的明星,与孩子一起爱他们。一个人一生没有崇拜的偶像,是一件非常可怕的事情。2020年1月27日一早醒来,我看到科比因飞机失事突然离世的消息,脑海里立即闪现一个念头:糟了,我儿子要伤心欲绝了!他从小就崇拜科比,篮球衣上的号码都跟科比球衣上的号码一致:24号。他经常用手机看有科比参加的篮球赛。于是,我给儿子买了科比的传记,与儿子一起读科比的成长经历,还和儿子一起看科比打球,讨论科比的曼巴精神、科比的婚姻。最终，我们达成一致意见，科比的生活是他自己的，这里面的真相我们未必看得清，但科比所体现出来的曼巴精神给了很多人积极正面的影响，单从这一点来说，科比是伟大的。儿子的偶像，也是我的偶像，我们之间有了交流的渠道，他对我的依赖胜过对手机的依赖，所以一到备考阶段，他就主动上交了手机。他说，比起对手机的依赖，他更在意的，是我的感受。

10. 孩子写作业特别磨蹭怎么办

这确实是个挺伤脑筋的事情，尤其是急脾气的父母遇到慢性子的孩子。

一位 33 岁的妈妈，每天辅导孩子写作业写到晚上 10 点以后。有一天晚上 10 点，孩子的作业不仅没有写完，还在磨蹭。妈妈盛怒之下训斥孩子，当即出现口角歪扭、手指僵硬等症状。经医生确诊，这位妈妈因太过愤怒患了急性脑梗。

还有一位爸爸说："女儿上四年级，那天晚上我辅导她做数学作业，只有两道题，但她竟然用 40 分钟都没弄懂题目的意思。"这位爸爸说他知道女儿平素爱磨蹭，但当晚的低效率还是令他难以克制。他当时很气，但没舍得打女儿，就猛拍了下桌子，盛怒之下拍折了自己的手骨。

天下间什么职业最辛苦？我以为非父母这个职业莫属。情绪管理不到位的父母真的很容易火冒三丈。

毋庸置疑，当今社会，做事干脆麻利、快速高效的人，在职场中肯定更占优势。那些像树懒一样的孩子，必定会被社会发展的大潮冲得不见人影。这些孩子想要过岁月静好的人生，必须有人替他们负重前行。关键是，谁愿意为他们负重前行呢？鉴于此，如果家有磨蹭"小树懒"，做父母的必须找到根本原因，帮助孩子成为更好的人，为他们的未来发展做必要的铺垫。

下面我们来分析写作业磨蹭的原因。

（1）天生慢半拍。我教过这样的孩子：本身很有上进心，但不论做什么事都比别人慢，慢吞吞说话，慢腾腾走路，慢悠悠做事。不论你多着急，他都一点不着急，内心笃定得很。对于这种天生就"慢"的孩子，家长的态度就是：顺其自然，接受孩子本来的样子。

这个世上有很多"慢工出细活"的职业，需要不急不躁的人，如药剂师、烘焙师、会计、文档归类、图书管理员等。只要孩子在适合他的岗位上成长，就会朝向美好！

（2）对所做之事不感兴趣。注意观察，孩子们打游戏时速度快不快？参加某样喜欢的活动时快不快？吃好吃的东西时速度快不快？估计大家的回答都是：特别快！这就对了，做自己喜欢的事，沉浸其中，当然就快了。要是不感兴趣呢？那就磨磨蹭蹭，做什么都不来劲。

（3）做不好怕挨骂。有些家长一旦见到孩子不会做某个题，就会责骂：你怎么这么笨啊，这么简单的题都不会做。骂的次数多了，孩子的信心就没了，做题时患得患失，总是担心出错，怎么可能快速完成呢？

（4）对所学知识不熟练，做起来不顺手。有些孩子上课总是走神，老师讲的重点和关键点都没听到，面对作业无从下手，时间就在手足无措中大量流失。

（5）做事杂乱无序，桌面混乱不堪。有些孩子从小就养成了无序的习惯。做事没有主次轻重之分，学习环境也是乱七八糟。因为无序，做事就很忙乱，不知从何下手；因为混乱，注意力就很容易分散。忙乱加上注意力分散，写作业自然就很磨蹭了。

（6）追求完美，反复修改。有些孩子特别追求完美，一笔一画都要做到横平竖直，作业里出现一丁点小错误都要重来，涂了一个墨迹都要撕掉重写。别人都已经做一大半了，他还在开头患得患失。这个毛病很难改，我觉得也没必要改。

（7）父母做事拖拉。不得不承认，基因的力量非常强大！不少磨蹭拖拉的小孩背后，都有一对不慌不忙的父母。孩子从小就生活在慢腾腾的环境里，"慢"已经是一种家庭文化了。长期熏陶之下，孩子就慢下来了，心态上很慢，行为上更慢。

（8）娇生惯养，缺乏责任。这类孩子不多，但一定存在，尤其是在三代同堂的家庭里。爷爷奶奶把家务都干完了，孩子缺少锻炼，缺乏责任感。在这种环境里长大的孩子，多数对待学习不上心，写作业就像上刀山下火海似的。

　　这一分析就知道了，十四五岁时爆发出来的问题，种子早在幼年时期就播下了。要想彻底改变孩子的不良习惯确实很难，但如果父母能躬身入局，立即行动，我相信孩子还是会有很大的进步。具体怎么做呢？

　　（1）限定时间，完成任务就奖励。比如孩子回家写英语作业（可以私下问问英语老师，按照正常速度应该写多久），提前与孩子约定，给他40分钟时间写英语作业，如果30分钟写完，剩下10分钟就奖励给他自由安排。如果40分钟还没写完，必须停止。然后改写其他学科作业，至于怎么向老师交代，那是他自己的事。有些家长看孩子写完这科作业，又赶紧催写那科作业。全部写完了，看看还有时间，又额外给孩子加料。孩子当然不干了，自己认真快速地写作业，到头来还做得更多，那还不如慢慢写，一边写一边玩。扪心自问，磨蹭拖拉的孩子是不是家长自己亲手锻造出来的？

　　（2）先易后难，适当转移。有时候老师会安排一些难度较大的题目，难免脑回路堵塞，思考卡壳，沉思良久也难以找到解题的方法。这个时候就要建议孩子暂时把难题放一边，把精力转移到能解决的问题上去。待所有作业都做完了，再回头琢磨这个难题。有时候灵光一闪，灵窍一通，柳暗花明，百思不得其解的问题就可能迎刃而解。就算百思不解，求教老师，或者求助互联网，也一定能搞定。

　　（3）利用小闹钟教会孩子管理时间。父母要把孩子在家里可用于写作业的时间细分出来，制作一个表格。比如孩子下晚修回到家是晚上8点钟，给40分钟自由活动以及洗澡（相信我，40分钟足够），11点10分准时上床睡觉。这期间有150分钟，可以帮孩子分成5个时间单位，每单位30分钟，要求孩子在每个时间单位完成一门学科的作业，然后设置好闹钟，规定闹钟一响就停止。反复训练，孩子的时间观念以及速度就练出来了。这波操作下来，家长可能会觉得很辛苦，那也没有办法。有句话叫"自己生的娃，跪着也要教育好"，还有句话叫"出来混，总是要还的"。同样的道理，"错失的教育，必须补回去的"。

　　（4）运用断舍离，给孩子打造一个心无旁骛的学习环境。我去家访时，看到有些孩子的学习环境乱得不忍直视。书桌上各种有名的、无名的小玩意儿堆成山。写作业时，一手握笔，一手拿着玩具，耳朵上还挂着耳机，手机也在旁侧等候。孩子置身这样的学习场域里，怎么静得下心来？速度和质量去哪里找？他的注意力和毅力，已经被这个混乱的场所分解得一无所有了。因此，备考期间，家长一定要坚决地将孩子周围的玩具收起来，用箱子装好密封，等孩子中考结束，特批一周时间让他玩个够。

（5）每天做一个10分钟的小测试。备考期间，每门学科都有小测试，时间在10~20分钟。家长可以每晚让孩子做一个学科的小测试，严格按照时间训练，效果很好。我每一届学生在最后一学期备考阶段，每一天都要做一个"每日甜点"。这个"甜点"由我亲自命题，总共20分，10分选择题，10分默写题，完全按照中考模式。开始训练时，很多孩子要做12分钟，慢慢地，10分钟完成。训练到临近中考，绝大多数孩子8分钟就能轻松完成。这就说明以测代练可以推进做题速度，有效解决孩子磨蹭这个问题。

11. 孩子在学校的人际关系出了问题怎么办

人际关系是指交往双方在个性、态度、情感等方面的融洽或不融洽、相互吸引或相互排斥，从而形成双方亲密或疏远的关系。

和谐的人际关系，有利于满足人们心理和交往的需要，发挥人们的积极性和创造性。反之，恶劣的人际关系会让人陷入沮丧、抑郁乃至厌恨的负面情绪之中，创造力和行动力都会受到影响。

备考阶段的孩子学习压力本身很重，再陷入不良的人际关系中，对他们来说简直就是雪上加霜。父母一旦发现孩子的人际关系出了问题，就要赶紧施以援手。

孩子在学校的人际关系并不复杂，大致分为两类：师生关系和生生关系。在学生眼里，生生关系大于师生关系。因此，不少学生会为了维护生生之间的友好关系而拂逆老师的要求。

生生关系又分为同性同伴关系和异性同伴关系。在青春期的孩子看来，同伴关系大于亲子关系。父母要是随便在孩子面前乱评或差评他们的同学，他们就会与父母产生隔阂，甚至冲突。

如果孩子的人际关系问题出在师生之间，千万别觉得这是小事。因为青春期的孩子很感性，认知水平较低，思考方式很单一。他们往往是以"杀敌一千，自损八百"的方式来表达对老师的不满。最为明显的就是，不学该老师所执教的学科，不写该老师布置的作业。

孩子们当然不知道，他不学该老师的学科，对该老师不会造成任何精神与经济上的损失。多年前，我所带班级有个女孩特别讨厌英语老师，故意不学英语。我问英语老师怎么把这个"小姐姐"给得罪了，英语老师听后很诧异，说："我有得罪她吗？抱歉啊，我还不认识她呢，何来得罪？"我相信英语老师不认识她，我还相信英语老师不认识我班上很多学生。因为她是一个只会讲课的人，讲完课立即就闪人，但是她的英语教学水平蛮高，我只认她的教学水平，其他不予置喙。

我找到那个女孩，说了这样一番话："你用你的前途做赌注，以为打了个'大胜仗'，可人家连你是谁都不清楚，你说，你哪来的心劲儿与她斗？她不过是个英语教师，等同于英语学科吗？你可以不喜欢她，这是你的权利，但你没有资格不学英语。"

女孩本身冰雪聪明，被我重磅一击，立即清醒过来。但我也很后怕，万一这是个油盐不进的女孩呢？我的这番话能起作用吗？

如果孩子的师生关系出了问题，为保险起见，父母要从孩子和老师双方着手解决。一是向孩子了解关系恶化的前因后果。二是找老师沟通，把了解的情况反映给老师。这里要提醒一下，向老师反映问题时，要婉转地把问题反映给老师，不要用直言不讳的表达方式。家长可以这样对老师说：我家这孩子从小就有这么一个缺点，特别爱面子，最不能接受别人在大庭广众之下驳他脸面，谁扫他面子就跟谁急，连我这个当妈的也不行。所以，恳请老师抽空跟我家那个不懂事的孩子沟通一下，把他心里的疙瘩给解了。

当然，家长也要告诉孩子：老师的处理方式跟他的性格有关，也可能跟这个老师的经历以及认知有关，跟感情没有关系。所以，不管老师在何时何地以何种方式批评你，本质上都没有恶意。

如果孩子的人际关系问题出在生生交往上，父母更是要帮忙修复。

心理学家安德森曾经对不同个性品质受人们喜爱的程度进行研究，结果发现，受喜爱程度最高的六种个性品质依次是真诚、诚实、理解、忠诚、真实和可信，受喜爱程度最低或被拒绝程度最高的几个品质包括说谎、虚伪、不诚实、不真实等。

家长可以对照上述心理学家的研究，检查孩子是否存在不受他人喜爱的品质，如说谎、虚伪、做作、矫情、戏精、八卦、攀比、嫉妒等。

如果你的孩子存在上述不良品质，那就别怪其他同学不喜欢。要想解决问题就只能朝内进行自我修正，而不是朝外借助他人力量。

　　孩子之间因为误会而导致关系破裂，可以借助老师的力量来消除误会。这比较容易，难不住老师，直接求助即可。

　　如果是孩子不懂得如何维护良好的人际关系，父母就要教给孩子"七忌"。

　　一忌不看场合，口无遮拦。有一些孩子，什么都能说，什么都敢说，不顾听话人的感受，就容易造成麻烦。

　　二忌好出风头，好处占尽。有些孩子好表现，什么场合都想去，什么都想争第一，只想站在舞台上接受掌声，却不愿意坐在旁边为他人鼓掌，当然容易得罪人。

　　三忌自私自利，索取过度。人要是私心过重，别人当然会敬而远之。

　　四忌缺乏边界，亲密无间。走得越近，伤得越深，不要等到孩子吃尽苦头才懂得这个道理。一定要让他们早知道：遵守边界，保持距离才能维护彼此之间的关系。

　　五忌心胸狭窄，心机深重。有此等特点的人，让人害怕，令人心累，远离是最好的自保策略。

　　六忌当面赞美，背后诋毁。这种两面三刀的做法一旦被戳穿，便再也没有朋友。

　　七忌牢骚满腹，抱怨不停。切记，没有人喜欢跟只会发牢骚、爱抱怨的人待在一起。负能量满满的人，影响别人的心情，损耗别人的心神，摧毁别人的心智。

　　只要孩子们远离这七个人际交往的禁忌，人际关系就不会太差。当然，如果还希望更和谐，那就要做到以下"四要"。

　　一要缩短同学之间的空间距离。下课可以到投缘的同学身边聊天，搞活动时多与谈得来的同学合作。近在咫尺的同学情一定比远在天涯的网友情坚固。

　　二要提高同学之间交往的频次。同学之间不交流、不走动，彼此之间就会陌生。青春期的孩子交往看重的不是捉摸不定的精神交往，他们要的是实实在在的可以消除寂寞的交往。

三要增加彼此相似的东西。古人说"人以群分",还有一个成语也能证明这种说法,那就是"惺惺相惜"。同学之间观念相似,兴趣爱好基本一致,就很容易和谐相处。

四要实现需求的互补。理科弱的孩子喜欢与理科强的孩子在一起,因为会得到帮助。听故事的人喜欢与讲故事的人腻在一起,因为对于听故事的人来说,听就是享受,而对于讲故事的人来说,讲就是快乐。彼此之间互补,各取所需,相处起来是不是其乐融融啊?

最后,我还想告诉家长朋友一个小故事,希望你也能成为你家孩子的神助攻。

我带过的雅墨10班,很多家长特别喜欢利用晚上的时间来协助老师看班。看班时,这些家长就会带一些手工做的小零食请孩子们吃,比如牛轧糖、酒杯蛋糕、凉拌菜、泡鸡脚、炸麻圆等。孩子们吃了别人家东西,好意思跟别人闹别扭吗?所以,那些家长看班的孩子,在班上的人际关系就特别和谐。

12. 孩子与父母的关系出现了问题怎么办

十四五岁的孩子，不论是精神上、经济上还是情感上，都要依赖父母。主观上，他们不愿得罪父母；客观上，他们得罪不起父母。可为什么还是有很多孩子与父母的关系出现了裂痕？我认为父母应该扪心自问，并主动修复亲子关系的缝隙。

首先，为人父母者要扪心自问：为什么我的好心总是没有好报呢？那就要看看你的好心在送到孩子面前变成了什么。

（1）本来是希望孩子有个美好的未来，可是在孩子看来，父母眼里"只有成绩"。这类家长每天跟孩子说的话都是相同的内容：你怎么又考差了？你上课究竟干什么去了？你听不到老师讲课吗？你看不到老师在黑板上写什么吗？只要孩子一回家，耳根子就没清净过。尤其是考试成绩出来后，考得好，一句"别骄傲"就打发了，考得不好，念咒一样数落孩子的各种不是，对孩子的未来进行可怕的预测。终于，孩子忍不住了，一句话让家长哑口无言：有本事你去考啊！

（2）本来是想鼓励孩子积极上进，在孩子眼里却变成了无情的威胁。我曾听一位父亲在办公室训他儿子："你是富二代吗？可惜我不是富一代！你是官二代吗？可惜我没当官！你是星二代吗？可惜我不会演戏！我什么本事都没有，人家说'没有伞的孩子要比别人跑得更快'，你倒好，还慢悠悠的，你要是考不上，要么就给我在城市捡垃圾，要么回老家去读书，我懒得理你！"这位父亲的一番训斥把我惊得目瞪口呆。纵使我与无数家长打过交道，也很少见这样训孩子的家长。

其实，家长说的话句句属实，我也是从社会底层打拼出来的，明白想要活得体面一点，确实要比常人付出更多的努力。可是孩子不愿意听这个道理，他消化不了，在他的认知世界里，父母就只知道威胁他。

（3）本是为孩子担忧，但是在孩子那里却变成了唠叨和不信任。孩子回到家里，一拿起手机，就担心他上网、聊天、打游戏。孩子一进卧室反手关门，就担心他躲屋子里不想学习。孩子一跟异性接触，就担心他在谈恋爱。有诸多担心，又不愿意与孩子敞开心扉交流，每日沉浸在瞎想之中，瞎想变成语言就是不信任的唠叨。青春期的孩子哪里受得了父母终日在他们耳旁唠叨呢？

（4）本是想采用激将法刺激孩子进步，但在孩子那里却被"一票否决"。比如，孩子一次没有写完作业，就总是怀疑孩子不写作业。孩子一次没有认真听课，就断定孩子从来都没认真听课。孩子要是反驳，家长一句话就把孩子的表达通道堵死了：有本事你拿出好成绩来证明自己啊！真拿得出成绩的孩子，根本不怕家长否决，因为他们早晚会证明自己，他们有底气，懒得跟你争。真正怄气生恨的是那些一时半会儿拿不出成绩的孩子，他们没有能力在短时间内证明自己，没有翻身的机会，所以心里累积的是对父母的怨恨。

还有些为人父母者，自己成长的原生家庭就有问题。比如，父母脾气暴躁，从小在粗暴、严苛的家庭长大。自己做了父母后，对孩子也粗暴、严苛，严重影响了亲子关系。这样的父母虽然不多，但我在工作中也经常遇到。

弄清原因之后，接下来就要去修复有裂缝的亲子关系。在此我特别要提醒：父母是成年人，孩子身上出现的所有问题，都必须由父母来解决，千万别把赌注全部押在老师身上。老师在学校主要传授孩子知识，至于孩子如何做人做事，还是要由父母来引导。当然，老师也会利用课程、文化、活动、管理、实践等育人方式来教育孩子，起到一定的教育作用，但无法修补家庭教育的缺陷。

那么父母如何做，才可以修复受损的亲子关系呢？

（1）找个时间，真诚地告诉孩子你有多爱他。爱就要大声地说出来。作家刘墉的儿子刘轩（心理学者，知名作家，第二季《我是演说家》冠军，毕业于美国哈佛大学，茱莉亚音乐学院的高材生、散文专栏作家及主持人）青春期时特别叛逆。有一次，父子俩因为一桩小事闹翻了，刘轩非常激动，倒在地上打滚。刘墉吓坏了，担心刘轩伤着自己。可他一时不知怎么办，只是本能地抱住儿子，附在儿子耳边说："爸爸爱你！爸爸真的很爱你！"没承想，就是这句"爸爸爱你"让歇斯底里的刘轩平静了下来。自那以后，刘墉父子的关系一直很好，而刘轩也不负父亲所望，成长为对社会有用的人。

亲爱的家长朋友，抛开世俗的顾虑，大声地告诉孩子你爱他。只要这句话一出口，亲子矛盾就少了一大半。

（2）尊重孩子的想法，多做事，少说话。孩子的一些想法未必正确，但不一定要用否定或打击的方式去阻止。我儿子从小崇拜科比，加上父亲的带动，很喜欢打篮球，并且打得很不错。有很长一段时间，他读书不努力，整天想着去练球，想以篮球为生。我很不赞同他的想法。一则，就我本人和孩子父亲的身高，无论我们想多少办法，儿子的身高都不可能长到190厘米以上，实在不利于在球场上一展雄风。二则，运动员长期超负荷训练，很容易还没退役就一身伤病。三则，运动员退役后转型很困难，再就业挺不容易，会影响到下半生的生活。但我没有直接反对，而是给儿子买来科比的传记，与他一起读科比，看科比打球，讨论科比所代表的曼巴精神。我也支持儿子课余练球，给他买印有科比球号的球衣。儿子非常感动，我顺势对儿子说："你又不笨，为什么不可以做一个学霸篮球运动员呢？"儿子把我的话听了进去，在初高中，除了认真打球就是认真读书。

（3）在爱与尊重的基础上对孩子提出合理要求。爱孩子不等于放任孩子，尊重孩子不等于不约束孩子。我们要在爱与尊重的基础上给孩子提要求、立规矩。比如最后一学期的备考阶段，时间紧、任务重，为了提高复习效率，家长应向孩子提出合理的要求，孩子必须严格遵守。至于如何提要求，各家有各家的背景，只要父母与孩子在想法上能达成一致，就是最合适的。比如，孩子回家写作业，不可以将房门紧锁，房门不便敞开，可以虚掩；父母进屋前一定要跟孩子打招呼，得到孩子同意后才可以进去。

这一条，父母与孩子达成协议，共同遵守，是不是皆大欢喜？其他要求，都可以与孩子商讨，双方达成一致就认真执行。千万别商量好了，也落笔成文了，却变成一纸空文。

　　说实话，孩子其实比大人更守规矩，关键是父母定出来的规矩要令他们心服口服，并且父母也要以身作则。

13. 孩子出现了考前焦虑怎么办

所谓的"考前焦虑",就是指学生在考试之前出现的一种难以自控的焦虑情绪。考前焦虑常出现的生理症状包括失眠、耳鸣、头晕、头痛、胸闷、心悸、注意力不集中、记忆力减退、食欲差、胃肠不适、便秘、腹泻、尿频、睡后易醒、嗜睡、全身无力、习惯性情绪低落等。

生理上的不良反应会导致学生对自己进行消极负面的评价,比如"我不行""我就是没用"。整天沉浸在负面评价之中的学生,注意力无法集中,思维也受到阻塞,提取已经掌握的知识点也变得滞缓,记忆的准确性大幅度下降,答题时患得患失、犹豫不决,答完之后总觉得没有做对,于是回头重做,不经意间耽误了大把时间,本该按时做完的题目最终没有做完,出了考场捶胸顿足、懊悔不已。

考前焦虑症不可小觑,但也不必畏之如猛虎。适度焦虑不是压力,而是动力。那么,何种状态为适度呢?

我经常问学生:考试就要来了,有没有烦躁情绪?有没有紧张到手心出汗?有没有担心自己考不好?学生异口同声:当然有!我接着问:有没有紧张到"食不知味,夜不能寐"?或者心里总是想,复习这么累,我不活了?学生们总是笑着答道:也没那么严重,食欲还是很好,睡觉还是很香。

这就对了,考试之前有这样的状态是正常的。考前复习紧张不安、惶恐、焦虑是必需的。只要没有影响到食欲和睡眠,没有出现没来由的伤心难过,就是适度焦虑。备考学生需要这种能够让心里痒但是又不会让心里痛的压力。

至于那种紧张、焦虑到食之无味、眠之无觉、惶惶不可终日的状态，确实不利于考试，需要孩子做多方面的调整，才能在考试时正常发挥。家长们不要总想着自家孩子可能会超常发挥，每一年杀出来的"黑马"都是很少的。父母过高的奢望会加重孩子的精神负担。具体怎么帮助孩子调节考前的焦虑情绪呢？

首先是认知调整。我认为这是最主要的调整策略。所有的行为模式都是由认知模式决定的。行为最终会有什么效果，都是由解释风格决定的。

我多年前教过一个"别人家的孩子"，但她在考试前突然变得很抑郁，还用小刀割伤手臂。我问她为何这样，她说，他们家族每代人都有个杰出人才，这代人当然非她莫属。我又问她："是谁规定你必须成为这代人中的杰出者呢？"她很自得地答道："自然是我自己啊。"我继续追问："那你要是成不了杰出者怎么办呢？"她坚定地答道："那我就以死谢罪。"

这个女孩有严重的认知误区。一是她高估了自己，给自己弄了副千斤担。二是她把成为杰出者这条路视为终极目标，看似刚强，实则悲壮。三是完不成自己规定的任务就要以死谢罪。这是向自己谢罪吗？自己都死了，怎么接受自己的谢罪？简直荒谬。

我把上述分析细致地向女孩做了解释，完毕，留下一句话："真正的勇者，是拼尽全力把手头的事做好，其他的都交给老天爷来裁断。"

女孩的认知得到了及时的调整，心态很快平和，那些不良的生理反应也消失了。

我本人就是一个很不容易焦虑的人，因为我不怕失败，不怕丢脸。人活着，失败、丢脸简直太正常了。我脸厚、心大。我还有非常积极的解释风格。失败了么？很好，我来找一找失败的原因，下一次就不失败了。丢脸了么？没关系，面子掉地上了，我捡起来洗洗再贴脸上，更干净啊。

正是因为我有这样的认知和心态，所以做事就很容易成功。我被身边的人视为幸运星，我的家人和同事都可以作证。

其次是行为上的改变。认知模式正确了，焦虑情绪其实就缓减了一大部分，再辅以行为矫正就可以消除学生的考前焦虑。具体怎么操作呢？

（1）采用积极的自我暗示法。每天早晨起床，对着镜子里的自己微笑，做鬼脸，赞美自己。然后大声对自己说：我很棒！我能行！我做得到！上学路上，做深呼吸。抬头看天，哇，好美的天空。低头看路，哇，路上有花草。自由自在地走在上学路上，对自己说：我这么优秀的人，老师怎么舍得我，同学怎么离得开我呢？

是不是显得有些自恋？只是有些而已，又不是盲目自恋，些许的自恋有什么不好？

（2）接受不良情绪，与它和解，与它共处。很多人为了快乐都很抗拒负面情绪，其实这是一种物极必反的做法。你越是抗拒它，它就越像吸盘一样，牢牢吸着你的内心，让你不得安宁。我的处理方式就是坦然接受它。每次有些不开心了，我就会很欣喜地对自己说：哇，我也可以多愁善感了，终于有诗人的气质了，要不写首诗如何？晚上我也偶尔失眠，我绝不会去数绵羊。我非常坦然地接受失眠，既然失眠了，机会难得，那就想一想我这一生最美好、最得意的事吧。想着想着，笑容浮上脸庞，内心灌满蜜糖，不知不觉就睡着了。

如果焦虑是一滴油，我们就要把自己变成一滴油，混合在一起，成为一家子。如果把自己变成一滴水，油水两张皮，彼此不相融，怎么可能消化得了焦虑情绪呢？

（3）适量运动。运动量究竟要多大，根据自己身体承受程度来定。感觉累得有点爽就可以了。慢走、快跑、骑车、打球、爬山……只要自己喜欢就去做吧。我儿子九年级和高三备考时，再忙都没有停止过打篮球，他的理由就是，在球场上与球友厮杀30分钟，一天的烦恼都消失了。

（4）时常重温自己的爱好。现在你问很多孩子的爱好是什么，他的回答也许是宅家打游戏、刷视频、追剧。这个爱好不是我想要表达的。我说的那些爱好是真正可以产生美和成就感的东西。

我的学生晨晨，应对考前焦虑的方式就是学吉他。备考阶段特别忙，别人都在埋首题海刷题，他每周还要上一节吉他课。中考成绩证明他并未因为学吉他耽误学习，相反，因为学吉他放松了心态，中考时考出了比平时更高的水平。

（5）适当宣泄心中的压力。找与自己关系好的同学，能理解自己的父母和老师，把自己心里的苦闷和盘托出。可以倾诉，也可以哭闹，还可以狂笑，只要能把负面情绪释放出来，心里感到轻松、愉悦就好。

（6）听点舒缓的轻音乐。有些家长一看到孩子在听音乐就赶紧责备他们不务正业。其实，越是身忙心累的时候，越需要音乐的滋润。据我多次调查以及自身实验所得出的结论，孩子们戴着耳机听轻音乐不会影响学习，但如果是听段子、听摇滚，就很容易分散注意力。因此，问题不在于听音乐，而在于听什么音乐。

最后，我想说的是，孩子之所以会出现考前焦虑，主要还是因为本人太在意和外在压力大。因此，父母和老师可以在学习上对学生严要求，也就是重视过程评价，但在结果上要淡化，不要每天一睁开眼睛就跟孩子说一定要考某某学校、考不上就别回来见我之类的话。

14.孩子只重视文化学习不重视体育训练怎么办

孩子重视文化学习当然是父母与老师求之不得的事情。但如果孩子心里、眼里只有文化学习，没有体育锻炼，目光实在是太短浅了。遗憾的是，青春期的孩子就是一群"抬头看天，低头看地"的家伙。他们做不到目光如炬，看向深远的未来。活到 40 岁的人，无不把"身体是革命的本钱"奉为人生圭臬，但孩子们还未活到 40 岁，他们体会不到人到中年的生存压力，也感受不到强壮的身体对一个人的重要性。

七、八年级，哪个老师要是霸占学生的体育课，一定会成为学生的"公敌"。是他们对体育充满无比的热情吗？不是，是因为体育课强度小，他们可以趁机自我放松。

到了九年级，哪个老师要是占用了他们的体育课，全班学生都要给这位老师送去雷鸣般的掌声，并且还会"讨好"地说：老师，你尽管占吧，我们没有意见，多占多谢你。画风怎么突变了？因为体育成绩要纳入中考成绩！这一年，体育老师的态度相当强硬，训练强度相当大。很多孩子上完体育课回教室都是龟速行走。每天不仅有高强度的体育课，还有上午大课间 25 分钟的体能训练。什么下蹲、高抬腿、跳楼梯，只有孩子们做不到，没有体育老师想不到。

我这么一分析，家长们应该知道孩子不重视体育训练的原因了吧？一个字：累！

但是，再累也要坚持训练。

从强身健体的角度来讲，体育训练必不可少。重视要参加，不重视也要参加，由不得孩子们偷懒。

从考试角度来讲，感情上再不喜欢，动作上再不协调，体能上再不接受，也要咬牙坚持训练。

就拿深圳来讲，2024年，深圳市的体育中考成绩是50分。体育学科的必考项目：男生200米和1000米，二选一；女生200米和800米，二选一。选考项目：男生引体向上、跳绳、篮球、实心球、立定跳远、羽毛球、乒乓球、游泳，八选一；女生仰卧起坐、跳绳、篮球、实心球、立定跳远、羽毛球、乒乓球、游泳，八选一。

项目虽多，但真正考的就两个，孩子们完全可以根据自己的喜好和长处来选择。这就意味着，只要选择适合自己的考试项目，坚持训练，拿满分的概率就极大。

事实上，确实有很多体育不太好的学生，最后通过一年时间的训练在中考时拿到了满分，并且身体也变得比以前强壮了。

因此，不管孩子喜欢不喜欢，家长都要督促孩子参加体育训练，并且长期坚持，而不是心血来潮地突击训练。那么家长如何做，孩子才能成为训练场上的一匹小烈马呢？

（1）家长要向孩子提出具体的进步要求，既有训练效果的要求，又在成绩上有进步。先说训练效果。比如男生的引体向上，第一周能完成15个，通过一周的训练，就要增加到16个。女生的仰卧起坐，第一周可以完成40个，通过一周的训练就要增加到41个。再说成绩进步。比如孩子上一次体育测试得了21分，下一次得了23分，这就是进步。孩子达标一定要给予他们奖励。注意，青春期的孩子，对于精神奖励很受用，对于物质奖励，他们超喜欢，动力更强。要想马儿跑得好，就要马儿多吃草。要想孩子有干劲儿，就要让他们的欲望得到满足。

（2）家长助力，孩子更努力。如何助力呢？比如女生的仰卧起坐：每天晚上睡觉前，妈妈帮忙压住女儿的双腿，为女儿计时和数数。有妈妈的参与和督促，女儿就不会偷懒。妈妈还可以跟女儿说，练仰卧起坐，不仅可以减肥，还可以减掉腰部多余的脂肪，把美丽的腰线练出来。我班女生如果不勤于体育锻炼，我会半开玩笑半认真地跟她们说，不加强体育训练，除了中考成绩不理想,其实还有3个坏处,分别是:个子矮小、理科思维弱、腰线很粗。

女孩们听了我的调侃,嘻嘻哈哈地去训练了,训练时可卖力了。因为她们不仅想要成绩好,更想成为"个高、腰细、腿长"的美少女。

至于男生,我每天都刺激他们:男子汉大丈夫,要的就是咬牙坚持的玩命精神。讲完就大声喊:男子汉在哪里?动起来!

对于男生来说,仅有老师的刺激是不够的,还需要爸爸协助。怎么协助呢?可以利用课余时间带着孩子去跑步,还可以去打篮球,也可以在家里搞一个练引体向上的装置。有些父亲为男孩买了练臂部肌肉的臂力棒,下课时间也可以练一练,既可以训练上肢力量,又可以放松大脑,休息训练两不误。

(3)做为孩子鼓掌的家长。有些家长本身对体育运动不在行,无法指导自己的孩子,那就做一个真诚的赞美者和鼓掌者。先说一说我的做法吧。我儿子从小特别喜欢打篮球,并且球技很不错,但他特别不喜欢跑步,总说跑步脚心痛,但事实上他就是觉得无趣不想跑。可是跑步是中考体育必考项目,岂可掉以轻心?于是,他每次打篮球我都去围观,给他鼓掌,为他拍照,他当然很开心、很得意。我就对他说,只要他去跑步,我不仅可以陪跑,还负责拍照和鼓掌。我儿子特别喜欢听表扬,也特别喜欢我晒他积极上进的样子。当然,我也请他的体育老师多肯定和表扬他。我儿子为了得到我和老师的表扬,就不再抵触跑步了,中考体育拿了满分。

千万别低估表扬的作用!我跟青春期的孩子打了30多年交道,他们最讨厌的就是只吹嘘自己却从不表扬他们的老师。他们特别渴望父母和老师表扬他们,因为他们的自我评价系统还没有完全建立起来,自信与动力主要是从他人那里获得,因此特别在意他人对自己的评价。而这个"他人"里面,最重要的就是父母。父母都不做孩子生命里的重要他人,孩子怎么能找到最好的自己呢?

15. 孩子因谈恋爱影响了备考怎么办

有位九年级学生的妈妈焦虑地对我说，她的孩子竟然谈恋爱了，关键是在九年级出现这事，她真是很焦虑，考不上好高中怎么办？

作为老师，我主观上也不赞同学生在紧张的备考阶段谈恋爱，毕竟青春期的孩子思想不成熟，经济不独立，情感不理智。一场恋爱谈下来，耽误了学习不说，身心还有可能受到伤害。但是，作为学生个体来讲，他们很渴望与异性交往，甚至建立恋爱关系。在学生的感觉系统里，谈恋爱是有很多好处的。特别要提醒的是：此阶段的学生还不能理性看问题，他们往往凭感觉判断好与不好。

比如很有价值感。在学校里有人爱，是不是很有面子？是不是可以在朋友圈炫耀自己有魅力？答案是肯定的。尤其是那些在学习上找不到价值感的学生，更追求在异性那里找到价值感。

比如很有甜蜜感。每天有喜欢的人相伴，真是甜蜜透了。

比如很有充实感。有烦恼可以找人倾诉，有困难可以找人帮忙，受了委屈有人安慰，空虚的心灵可以得到慰藉，多充实，多幸福啊！

当然，还有那么一点叛逆的快感。老师不赞同我谈恋爱，我偏谈。父母不允许我谈恋爱，我已经谈了。这种与老师、父母作对的感觉真是太爽了。

正是因为孩子们能在这场感情戏里找到很多人生的趣味，所以我并不阻止学生谈恋爱。相反，我还开了不少恋爱课，指导学生如何谈恋爱。这样一来，学生反而不轻易谈恋爱了，即便要谈一场恋爱，也是尽量把利益最大化、伤害最小化。

我说这么多，其实是想告诉所有的父母，当你试图去阻止一件事时，这件事反而会快速发展。也就是说，当你试图去阻止孩子之间的感情时，他们的感情反而更坚固。

因此，对于已经发生的既定事实，家长要学会接受，然后在接受的基础上，把原本充满负能量的事情变成充满正能量的事情。亲爱的家长朋友，相信我，你一定做得到。具体该怎么做呢？

（1）改变认知观念，调整焦虑心态。在学界，根本就没有"早恋"一说，如果一定要把"16岁以前谈恋爱"定性为"早恋"的话，我们的祖先都是"早恋"者。如《红楼梦》里的贾宝玉和林黛玉互有好感时才十三四岁。唐宋时期，男孩的法定结婚年龄是15岁，女孩则是13岁。明朝男孩的法定结婚年龄是16岁，女孩是14岁。在晋朝，如果一个女孩子超过17岁还不嫁人，官府就会指派一个人作为她的丈夫，她的家人也会因为嫁女不力而遭到处罚。

因此，"早恋"不可怕，可怕的是不"早练"继而乱恋。日本有个做法很值得我们学习。日本的学校允许初中孩子在大庭广众之下向喜欢的异性表白，但是在表白之前必须接受心理老师的指导，做好心理建设。因为表白的结果可能是被接受，也可能是被拒绝。而被表白的人，有权利接受或拒绝。这样的练习可以很好地避免因感情受挫自我封闭或迁怒于人。

这就说明，孩子谈恋爱不可怕，家长视而不见或者横加干涉，导致孩子乱恋爱才是可怕的。

（2）接受并祝福孩子的感情。如果你得知孩子在最为紧张的备考阶段竟然在谈恋爱，千万别勃然大怒，甚至把孩子暴揍一顿。你要很开心（其实心里隐忧不断，但要稳住，不要传递给孩子）地表示接受，大赞孩子有魅力，竟然有人喜欢了，可喜可贺。可以弄几个美味小菜，一家人举杯相庆。有家长可能会担心，这样做岂不是推波助澜，让孩子在感情这条路上跑得更快？快，没关系，只要不乱窜就行。

为什么谈恋爱这件事发生后父母就不要粗暴干涉、横加阻止了呢？因为这个阶段的孩子正好处在叛逆期，他们的刺激系统已经发育，而控制系统却要在18~20岁成熟。父母若要干涉阻止，就很容易唤醒他们的刺激系统，进而做出一些丧失理智的事情。

（3）在接受的基础上营造好家庭关系。此时夫妻双方要把所有的矛盾放一边，双方矛盾再大，都不如帮助孩子度过危险期大。孩子为什么要选择在九年级谈场恋爱？原因当然很多，但有一条不容忽视，那就是家庭原因。如果孩子在家庭里得不到异性父母的关爱，当然要在外面寻找替代品了。如果家里的人际氛围冷得像冰块一样，父母天天吵得鸡飞狗跳，孩子当然要去外面寻找倾诉对象了。我儿子在青春期时，他舅舅特别担心他因为叛逆闹离家出走的把戏，特意提醒我要注意和孩子的沟通方式。我调侃儿子，问他要不要搞个"离家出走"啊？我儿子淡然答道："我好忙哦，没空玩这个游戏。"我先生经常调侃他："班上有没有你喜欢的女孩啊？有没有女孩喜欢你啊？"我儿子不恼不羞，说道："有个女孩吧，我还挺欣赏的，但是性格不好，我跟她合不来。"为什么很多青春期孩子冒险干的事情，我儿子不干？因为家里关系很和谐，我和孩子爸爸就像他的容器，可以容下他所有的缺点，并且还不遗余力地发掘他的优点。他在家里获得的爱已经很充足了，不需要在外面寻找代替品。

（4）用心挖掘孩子恋爱对象的特点。如果孩子的恋爱对象特别优秀，就一定要鼓励孩子努力，这样才能匹配得上那么优秀的对象。对孩子来说，如果亲情的动力源自一条河，那么爱情的动力则源自一条江，甚至是一片海。如果孩子的恋爱对象在某些方面稍差于自己的孩子，千万别流露出轻视不屑的眼光，而是要真诚地告诉孩子：你拿什么来为你喜爱的人遮风挡雨呢？你可以给到你喜爱的人什么呢？你如果都不愿意为自己喜爱的人努力，你的爱就让人怀疑。所以，孩子，打起精神，为你自己，也为你爱的人去奋斗吧。

也就是说，不管孩子喜欢的对象是强还是弱，父母都要成为孩子的神助攻，而不是插刀手。

青春期的孩子虽然冲动，但他们也愿意为自己喜爱的人努力。这一点，永远都不要怀疑。

（5）多花时间陪伴孩子。有些孩子谈恋爱是因为寂寞，纯粹就是找个聊天的对象。尤其是学习压力特别大的时候，回到家里冷锅冷灶，他们心里孤独寂寞，于是就在同学群或者朋友圈中寻找那些愿意陪他打发无聊时光或乐意听他倾诉的异性。一来二去，两人就发展成了男女朋友关系。你若问他究竟爱对方什么，他也说不出个子丑寅卯来，无非就是两个抱团取暖的人彼此习惯了而已。

　　陪伴是父母送给孩子最长情的礼物。各位家长朋友，你真的把这份礼物送出去了吗？

16. 孩子特别粗心大意怎么办

眼看距离大考越来越近，孩子们复习得也很卖力，但是，有些孩子不论是平时答题还是临阵考试，不是看错题干，就是写错格式，抑或是算错结果，甚至连原样抄写都会出差错。我曾遇到一个孩子，考试结束后找到我说："老师，告诉你一个好消息、一个坏消息，你先听哪个？"我随口答道："那就先说好消息吧。"孩子马上兴高采烈地说道："这次的考题很简单，全部都是我复习过的内容，每个题型都是老师讲过的。"我听了不免得意：咱好歹也是经验丰富的资深老师，中考把关人，怎么可能打不中考点呢？"坏消息呢？说说看。"孩子马上一脸颓丧："我选择题错了3个，丢了6分，A+肯定没机会了。"我诧异："选择题你竟然丢了6分？每一道选择题都是我们练过多次的类型，你怎么会做错？"那小孩尴尬地答道："我都会做啊，都怪我粗心，涂答题卡时错位了。"6分呀！平时考试丢了也就算了，要是中考，丢的就不仅是分数，很可能是高中录取通知书啊。因此，对于孩子们的粗心大意，家长就像热锅上的蚂蚁，不知如何是好。

那么问题就来了，孩子为何会粗心大意呢？个体不同，原因就不同，归纳起来无非以下六点：

（1）性格急躁，急于求成，赶速度，忽视质量导致粗心。这一类孩子看起来都聪明伶俐，能说会道，喜欢表现，喜欢做事，并且做事很有速度。他们上课喜欢争着回答问题，定时训练交卷也很快，不过质量不尽如人意。倒不是不会，而是他们考虑问题粗糙、草率，喜欢过早下结论。脑子反应快，手上动作跟不上脑子的速度，写出的答案漏洞百出。数学经常把符号写错，语文经常漏字、错字。他们还经常被化学老师吐槽，说他们写化学式时经常把二氧化碳中表示2个氧原子的"2"给丢掉了，二氧化碳直接秒变一氧化碳。

对于这种性子急躁的孩子，不要责骂他们，也不要反复在他们面前强调他们是急性子，做事不经脑子，而是要提醒他们答题时先做深呼吸，让心静下来，再让动作慢下来，一个题一个题看清楚，想明白再下手。这一点我是感同身受，因为我也是个风一样的人，不论说话还是做事，都追求速度，所以就很容易粗心，给别人落下做事不严谨的话柄。后来，我每每要讲话之前，都做几个深呼吸动作，心一旦静下来，语速也慢了下来，乱发言、说话漏字的现象有了很大好转。写教案或文章时，也如此这般做一遍，错漏顿时减少，甚至消失。为治疗我这个因急躁引发的粗心病，我还学会了织毛衣、扎鞋垫、钩花边。这些手工活儿要想做得精致，必须心细如发。通过长期的自我训练，我的手工技艺日趋精湛，粗心的毛病也治好了。

（2）思维跳跃，忽略重要内容导致粗心。其实，这类孩子思维异常活跃，但连贯性比较差，所以他们看似很努力，但做题时总是抓不住要点，做完之后又不愿意检查。对于这一类孩子，家长要提醒他们读题时手上一定要拿笔，用笔点着题目读过去，相关条件也用笔画出来，做完之后一定回头检查。照此方法坚持训练一段时间，做题的失误率就会大大降低，孩子的自信也会随之提升。还有一个办法也很不错，那就是让孩子为每门学科准备一个"粗心矫正本"，凡是因粗心造成的失误都写在这个本子上，既填补了知识漏洞，也时常提醒自己不要粗心。

（3）做事一心二用，注意力分散导致粗心。总有一些孩子喜欢一边写作业，一边做其他事，注意力无法集中。这样一来，孩子认知活动的正确性和有效性就失去了基本的保证，抄错、算错、记错也就随之产生。孩子回到家里写作业，家长就要把孩子周边所有分散他注意力的东西拿走，也不要一会儿给孩子送水果，一会儿给孩子送牛奶。

（4）缺乏责任感，漫不经心导致粗心。很多家长一定看过孩子的矛盾表现。玩游戏时，每一个细节都不会错过；追剧时，每一个剧情拐点都清楚，那股认真劲儿真是让人感动。可是，一回到学习上，他们就心急火燎，肉痛皮痒,做出来的文科作业,不是这里少了一句话,就是那里多了几个字,理科作业呢,不是偷工减料,就是丢三落四。

有句话叫"兴趣是最好的老师",我觉得"责任才是最好的老师"。很多时候,我们读书并非完全为兴趣,而是为责任。作为父母,不管有没有兴趣,你都得担负起养育子女的责任。作为流水车间的工人,不管有没有兴趣,你都得把手头的工作做好。作为老师,不管有没有兴趣,你都得担负起教书育人的责任。那么作为学生,不管有没有兴趣,你都得努力读书。读书是一个学生的责任,必须去做,跟兴趣没什么关系。

道理虽然深入人心,但学生就是不按常理出牌。这当然是家长早期的教育出了问题,因为家长没有培养学生的责任感。怎么补救呢?从你看到这篇文章开始,应立即要求孩子做家务。做家务是培养孩子责任感和爱心的最好方法。

(5)信心不足,害怕失败导致粗心。可能很多家长早期读书时都有过这样的感受:考试时,总是觉得自己考得不好,然后就脑补自己考不好会导致怎样的惨烈后果。用墨菲定律来解释,你越是不想发生什么,就越有可能发生什么。考试时,小心谨慎地做完第一题,待到做第二题时,突然想到第一题可能没做对,于是放下第二题来检查第一题,如此反复,心力交瘁,眼冒金星,粗心就出现了。不是这里少写了,就是那里多写了,甚至把草稿纸上算出来的正确答案也抄错了。考试结束,猛然想起某个地方本可以不丢分,但因为粗心大意丢了分,于是捶胸顿足、悔不当初。

对于这一类型的备考生,建议家长让孩子多做中考真题(特别提醒:中考真题与中考模拟题是两码事)。真题就是历年中考题,实打实的考点,每一年的命题团队相对稳定,因此,每一年的中考命题形式也非常接近。模拟题大多是资料编撰者复制粘贴、临时组装的,知识范围很大,题目样式很多,对于掌握知识点很有帮助。基础厚实、学业优秀、精力充沛的孩子,可以多做一些。

家长还要做好孩子的思想工作,让孩子放开心怀,不要纠结于成败。尤其是平时的测试,要暴露自己的不足,才能有针对性地复习。

(6)情绪消极导致粗心。有些孩子可能因为父母关系不和,同学之间产生矛盾，或者被老师批评而产生消极情绪，从而干扰了正常的认知活动，心浮气躁、注意力不集中、思想上开小差，导致粗心。

　　这是一个阶段性问题，家长不必太过忧心。找个时间与孩子谈谈心，弄清楚他的消极情绪是如何产生的，然后帮他把消极情绪消除即可。如果不能及时消除，也不要着急，家长要稳定情绪，用心关爱孩子，慢慢等待孩子自我疗愈。

　　在此，我要提醒所有家长，教育具有不可逆转性，早期教育失误，后期要重新洗牌，真的好难。我所有的建议，都只能是锦上添花，而非雪中送炭。即使逐条认真落实，也未必立竿见影。只有真正坚持做下去，才有效果。

17. 孩子回家总爱发脾气怎么办

很多父母坦言，遭到过他们青春期孩子的一万点暴击，尤其是在九年级和高三备考阶段。

为何青春期的孩子容易发脾气呢？因为他们虽然觉得自己长大了，但是遇事缺乏耐心，表现得很急躁，容易发脾气。尤其到了九年级备考阶段，学业压力大，复习效果不明显，也会加大他们的焦虑情绪。在学校遇到不顺心的事又不敢跟老师和同学发作，只得隐忍，等到回家面对家人时，一触即发。

针对此种情况，家长该如何做呢？

（1）家长的心态要稳如磐石，千万别跟青春期的孩子较劲。如果孩子回家没来由地发脾气，不要跟他讲道理，更不要针锋相对，而是让他尽情发泄。等孩子发泄完了，家长要走上前，抱抱孩子，或者拍拍孩子的肩膀，温和地说：心里很难受吧？我能帮你什么忙？如果孩子余怒未消，断然拒绝，也不要说三道四，只需淡淡说一句：好吧，那你先自我消化一会儿，消化不了，记得找我哦，我永远站在你这边。

家长的心态稳定，孩子的心就稳了。等到孩子把负面情绪消化得差不多了，再问问他是否遇到了困难，是否需要父母提供支持。如果孩子愿意说，家长就要认真听，一边听一边提问孩子：你打算怎么做呢？你觉得用什么方法处理才合适呢？千万别一边听一边自以为是地说：我觉得这件事应该这样处理，或者说，你那样做肯定错了。要把亟待解决的问题抛给孩子，而不是由大人越俎代庖。孩子已经长大了，需要自己去面对遇到的麻烦。

（2）家长要对孩子的坏脾气表示理解。理解并非纵容，当孩子的坏脾气爆发出来的时候，家长在认知层面要这样想：这就是我的孩子，他遇到麻烦了，我理解他此时的行为，我不会怪他。我想要知道的是，他究竟遇到了什么麻烦？我能帮到他吗？家长只要能这样想，就不会被孩子发出来的坏脾气伤到，当然也就不会反伤到孩子。

因为理解，就能抱持。因为抱持，孩子就有安全感。因为有安全感，孩子就很依赖父母。因为对父母有依赖，孩子就能接受父母教给他的管理负面情绪的方法。

（3）少说教，少唠叨。很多父母面对孩子突如其来的坏脾气时，会不由自主地进行说教，说教完毕就是没完没了的数落。从出生到幼儿园，再从幼儿园到小学，又从小学到初中，表达自己这一路走来多么不容易，孩子多么不听话，多么令人心寒，甚至连孩子未来可能对父母不好都要预见一番。家长数落完毕，心里舒坦了，但孩子的脾气反而更坏了。

与青春期的孩子打交道，要学会把自己变成弹簧。孩子进，家长退；孩子退，家长就要进。这进退之间，蕴藏着很多乾坤，需要家长在实践中摸索。

（4）帮助孩子寻找负面情绪的根源。只要做到前面三点，孩子就不会反感父母。待他们心平气和之时，家长再询问孩子发脾气的原因，孩子就会据实以告。如果孩子不愿意告诉家长，家长也要表示尊重，诚恳地告诉他：好吧，你也长大了，有些问题也该学着自己处理了。但请你一定要记住，我们永远是你的坚强后盾，就算全世界都抛弃了你，我们也在你旁边陪着你，永远不离不弃！不要觉得这些话矫情，这就是父母子女之间最温暖的"情话"，也是最光明正大的话！

很多家长，明明非常爱孩子，可说出来的话就是让孩子不爱听，想想看是不是这样？

（5）与孩子一起学习做情绪管家。为什么要与孩子一起学习呢？家长本身也要学习管理情绪。大多喜欢乱发脾气的孩子，家里其实有个乱发脾气的家长。我儿子自出生，我还从未见过他对家里人发脾气。为何？因为他爸爸脾气特别温和，绝不轻易发脾气。我的脾气虽然大一些，但分得清场合，并且善于管理情绪，因此也不会轻易发脾气。孩子从小生活在一个宽松、民主、讲理、温和的家庭里，解决问题的方式也不是发脾气，而是友好协商、民主沟通。具体该如何管理自己的情绪呢？下面我为大家提供一些可操作的方法，大家不妨陪着孩子一起练习，坚持一段时间，一定有效果。

①注意力转移法。心情不好时，可以美美地睡一觉，玩玩电脑，看看电视，翩翩起舞，打球骑车，挥笔作画，逛街看电影，等等。

②适度宣泄法。心情恶劣时，可以找最信任的人大哭一场，倾诉一番，或者去户外运动，去KTV当个"麦霸"。

③心理暗示法。当心情受到影响，产生负面情绪时，可以积极地暗示自己：我准备得很充分，没事；这个事情对我来说很小，没关系；一切都会好起来，今天只是运气不好而已。总之，找积极的说辞为自己做心理建设，及时把自己拉出消极情绪的泥淖。

④自我安慰法。有一句话叫"死猪不怕开水烫"，很多人用这句话来讽刺那些厚脸皮的人。我倒觉得有些时候需要这种话语来安慰情绪低落的人。说得有文化点，其实就是要具有一定的阿Q精神。

⑤交往调节法。某些不良情绪常常是由人际关系矛盾和人际交往障碍引起的。因此，当我们遇到不顺心、不如意的事，有了烦恼时，能主动地找亲朋好友交往、谈心，比一个人胡思乱想、自怨自艾要好得多。因此，在情绪不稳定的时候，找人谈一谈，具有缓和、抚慰、稳定情绪的作用。人际交往还有助于交流思想、沟通情感，增强自己战胜不良情绪的信心和勇气，更理智地去对待不良情绪。

⑥情绪升华法。将苦闷、愤怒等消极情绪与头脑中的闪光点、社会责任感联系起来，从而振作精神，奋发向上。比如，司马迁受腐刑而咬牙写出被誉为"史家之绝唱，无韵之离骚"的《史记》。

⑦幽默自嘲法。某明星被网友吐槽发际线太高，她在微博晒出剧照回应此事："我是一个禁不起批评的人，如果你们批评我，我就去植发。"这个幽默的回应引来网友各种善意的调侃，此事不了了之。

⑧改变认知法。期中考试考砸了，如果认知是"我真没用，我根本就不是读书的料"，此想法引发出来的情绪就是焦虑不安、自卑胆怯。那么此时

就要改变认知：一次失败不代表永远失败，这次发挥不好也不代表我笨、没用，这次没考好的原因是自己没有认真复习。只要我努力，看准方向，用对方法，认真做好考前准备，成绩很快就会好起来。这种认知所产生的情绪则是自信、乐观的。

18. 孩子回家总爱抱怨怎么办

我带上一届毕业班时，有位妈妈向我反映，她儿子回家后特别喜欢抱怨。要么是抱怨父母无能，来深圳打拼十几年，连个深圳户口都没搞定，害得他要比那些有户口的同学多考几十分才能进入一样的学校；要么是抱怨老师指定的复习范围太大，知识点太多，根本就复习不完；要么是抱怨那些学业优秀的同学，每天只顾着自己学习，根本不愿意帮助学习成绩不好的同学……他的抱怨犹如黄河之水，滔滔不绝，没完没了。

后来开家长会说起这个事，很多家长应和，说他们孩子回家后也会抱怨，只是程度不同而已。现在我带的这个毕业班，仍然有不少家长向我反映他们的孩子回家后喜欢抱怨，听得他们很烦躁，又不知道如何与孩子交流，只得装聋作哑躲到厨房做家务。

抱怨，是一个人表达不满、怨恨，或者后悔情绪的方式，以宣泄、减少自己内心的认知失调所带来的不愉快。抱怨宣泄的虽然多是负面情绪，却令听者感到压抑，或无所适从。不过，抱怨也有积极作用，可以令抱怨者消除愤懑之气，以达到心理平衡的生命状态。

比如很多孩子回家跟父母抱怨没有深圳户口一事，家长不必忧心，完全可以让孩子们吐出心中的愤懑不平之气。孩子回家抱怨几句很正常，他们内心的不满需要宣泄。这个时候家长不需要劝解孩子，而是要站在孩子这边，认可他的不满情绪，甚至也可以附和他的不满情绪。家长可以这样说：就是啊，这太不公平了！

还有，同样是被父母带到深圳来生活，别人的父母就能搞定子女的户口，自己的父母搞不定，抱怨几句也很正常。这就好比父母抱怨自家孩子不如别人家的孩子优秀一样。所以，当孩子抱怨父母无能时，做父母的不要恼怒，而是要将自己的无奈坦诚地告知孩子，然后向孩子表示歉意，最后向孩子提出希望，希望他能努力去改变自己的人生。

适当地抱怨非但无害，还有平衡心态的作用。但如果把抱怨当作一种习惯，不仅给他人添堵，还会陷自己于尴尬或者颓废之中。既然抱怨产生负能量，令他人不快，令自己沉沦，为什么人们还是喜欢抱怨呢？

（1）理想丰满，现实骨感，两者之间差距太大。生活中有不少胸有大志、能力不足的人，他们往往给自己设定很宏大的目标，可自己当前的人力、物力、财力又无法达成目标，于是就会心生抱怨，觉得上天不公。别人有爹可拼，为何我没有？别人有房可拆，为何我没有？别人有智商可秀，为何我没有？他们把自己的不如意都归于外界不公，怨天尤人。

比如某班有个学生，成绩长期稳定在年级30名左右，可他偏偏把目标锁定在深圳中学。他的班主任建议他把目标定在一所区属高中，他铿锵答道："本人非深圳中学不读。"年级30名的成绩，就算超常发挥，也进不了深圳中学。毋庸置疑，中考成绩出来，他读深圳中学的愿望落空了。于是，他就到处抱怨命题老师出题偏离考纲，监考老师不公平，阅卷老师乱阅卷，还有他的学科老师复习没抓到考点，他的同学经常影响他学习，等等。总之，造成他与深圳中学失之交臂的，均是他人的原因，与他本人毫无关系。

对于这种学生，老师和父母要坚决敲醒他，帮助他看清事实的真相，同时要教会他正确归因。诚然，有些事情能成功，是因为运气好，但更多的还是源于当事人对自己的正确认识，以及对自己所做之事的正确判断。

（2）抱怨可以表现个人优势以便找到成就感。优秀到让人无法忽视的人，是不会轻易抱怨的。相反，有些学生的优势不够明显，但又不甘于坐在旁边鼓掌，于是他们便到处抱怨：数学老师的课讲得很不咋样，板演速度太慢了；化学老师竟然把化学反应说成物理反应了；运动会上，咱班男生的表现太差了，裁判乱吹哨……

对于这种抱怨，父母听着就是，有空就搭讪两句，没空就莞尔一笑，然后提醒孩子赶紧读书、写作业。千万别试着跟他们讲什么道理，他们就是闲着无聊说几句闲话罢了，没有其他意思。让他们显摆一下，在父母这里找点成就感也未尝不可啊！

（3）抱怨可以表现个人弱势以便求放过。每个人都有自己死命维护的自尊心和面子。可有些事确实太难了，孩子们做不到，怕家长责怪，他们就会抱怨。比如考试结束回到家就哭兮兮地抱怨这次考题太深，试卷上的题目老师一个都没讲过，抱怨时间也不够，根本写不完，监考老师又不提醒时间，害得自己考试时间都快结束了，还没将选择题的答案涂在答题卡上。

孩子为何要抱怨这些？这是在向家长释放信号！潜台词就是：这次我没考好，我的心情已经很难受了，我很惨了，千万别因为我没考好就责骂我！

针对此种情况，家长当然不能骂了，孩子都已经示弱了，再骂就只能让孩子陷入负面情绪之中。家长此时要对孩子说这样一番话：我相信你说的话，接下来咱们来具体分析一下考试不理想的原因，只要找到原因，继续努力，一定能扭转这个局面。

等到考试风波过去一阵子，家里风平浪静之时，家长还是要与孩子一起谈谈关于"解释风格"的话题。告诉孩子：你经历了什么不要紧，要紧的是你怎么解释你所经历的事情。凡事消极解释，你获得的就是消极的人生，从此颓败沉沦下去；凡事积极解释，你获得的就是积极的人生。比如没有考好，可以解释为：为了中考不出差错，所以平时考试总是让我掉坑里，没关系啊，我趁机把这些坑填了，中考不就大功告成了吗？习得这种积极解释风格的学生，人小格局大，动力源就会十分强大。

（4）抱怨还可以表现自己的无助进而求助。这种抱怨没有针对性，就是在展示自己的无助，希望听到的人能帮他承担责任或解决问题。比如女孩子回到家后抱怨说，仰卧起坐要做55个才满分，太难了，做不到啊！这其实是在向父母撒娇和求助。此时妈妈补上一句：没关系啊，每天晚上睡觉前咱们练一组，我帮你压腿计时。反过来，男孩也会有求助式抱怨，家长一定要听得懂并及时给予孩子帮助。

孩子们的抱怨，求生欲满满，父母一定要提供帮助。

最后，提醒所有的家长朋友：抱怨是没有用的，要想孩子远离抱怨，首先让自己开启一种不抱怨的人生。

19. 孩子复习出现了"高原反应"怎么办

所谓复习的"高原反应",是指随着复习时间的延长和复习难度的增加而导致的学习效果不明显,甚至呈下降趋势的现象。处于"高原期"的学生,会觉得自己越学越糊涂,学习效率大大降低,学习好像停滞不前,甚至可能退步。

一般来说,孩子们复习到 4 月底或 5 月初,就会出现"高原反应"。处于"高原期"的孩子,经常感到疲劳困倦,容易产生焦虑情绪,内心孤独无奈,容易发脾气,甚至自暴自弃。不是担忧这里没有复习,就是惶恐那里没有做好,患得患失,有的还会出现失眠、食欲不振或贪食等现象。

是不是所有的孩子都会出现"高原反应"呢?那倒未必。基础知识特别扎实,精力特别旺盛,学习能力特别强,哪怕中考某科失利,也能稳稳考上高中的孩子,是不会产生"高原反应"的。他们的整个备考阶段轻松、自信、充实、快乐。还有一种特别心宽的孩子:考不上普通高中就上职业高中,考不上公立高中就考私立高中,考不上当地高中就回老家读高中,总之,我有退路,着什么急?人家早就准备好退路了,根本不上这条"高原"之道,哪有什么"高原反应"?

那么,哪些孩子容易产生复习的"高原反应"呢?

(1)目标过高、信心不足的孩子。有些孩子给自己预定的高中学校录取分数线偏高,总担心自己准备不充分考不到心仪的学校,于是着急上火,记忆力和解题能力都下降了,以至于平时以考代练的测试成绩也不理想了,严重怀疑自己的学习能力,"高原反应"就产生了。

（2）偏科的孩子。有些孩子可能在语文、英语、历史上占优势，但数理化学科学得不是得心应手。备考到了四五月份，各科都开始进入综合复习，尤其是理科，深难题开始出现，基础欠佳、学力薄弱的孩子根本啃不动，复习的"高原反应"就应时而生了。

（3）学习中等的孩子。这部分孩子处于可上可下的状况，他们的心理压力最大，也最容易出现复习的"高原反应"。

除上述三种情况外，还有一些引发"高原反应"的诱因，家长们也要知道：

大脑休息不充分、睡眠不足、学习方法死板、缺乏学习兴趣等，会导致一个人身心疲劳困倦，由此产生"高原反应"。

思想认识狭隘，不善于交往言谈，导致心灵孤独，也会有"高原反应"。

缺乏毅力、自控力不足的孩子，因为坚持不了，会有"高原反应"。

了解了产生"高原反应"的各种原因，家长就应该知晓自己的孩子会不会出现复习的"高原反应"了。如果真的出现了"高原反应"，也不要过分焦虑，而是要与孩子一道正确认识"高原反应"的本来面目，以便在复习过程中顺利跨过这道难关。

备考阶段的孩子一旦产生"高原反应"，一般要经历四个阶段才能顺利过关。

第一阶段：也叫开始阶段，这个阶段的学生要了解新事物，熟悉新规矩，学习比较费力，提高较慢。

第二阶段：也叫迅速提高阶段，学生通过复习掌握了部分知识、技能的规律，或者在复习过程中找到了一些"窍门"，学习成绩明显提高，精神受到鼓舞，于是兴趣高昂，信心勃发，进步超快。

第三阶段：连续复习两个月后，基本上把一些难度较低的知识掌握了，剩下的多是难点，或者是平时就没学懂的盲点，加上连续作战，身心疲惫，还有其他心理因素的影响，学习进步速度突然放慢。尽管每天都在背书刷题，但成绩提高幅度不大，甚至还有下降的趋势，总体上处于一种停滞的状态。

第四阶段：如果孩子在停滞的状态中还能咬牙坚持学习，不断探索复习路径，改善学习的方法，掌握新的规律或技巧，学习成绩就会逐步上升。这也是每一年的中高考都会杀出一些"黑马"的原因。这些"黑马"的共同点是都特别能熬，能摆脱"高原反应"的心理桎梏，在学习上找到上升的渠道。

既然"高原反应"会给孩子的复习带来负面影响，那么我们该如何帮助孩子克服"高原反应"呢？

首先，备考学生要摆正心态。"高原反应"是学习过程中不可避免的一种停顿状态，是正常的，不必惊慌，也不必排斥，要坦然接受。出现"高原反应"，恰恰说明基础知识已基本掌握，考试技巧也日趋成熟，一旦突破这个关口，再往前迈进一步，便可达到炉火纯青的地步。所以，家长一定要关注到孩子的心态。如果他们特别急躁，就要安抚他们的情绪，告诉他们不要想太多，接受现状，负重前行，只要朝前走，就一定能看到光明。

我记得我初中备考时，复习化学时就出现了"高原反应"。明明学得很不错的化学，总是出差错，有几次还考出了四五十分的成绩（我们那时中考化学满分是 100 分）。我当然气馁，严重怀疑自己的智商，但没有放弃，特地去书店买了一本厚达 800 页的理化复习资料，把里面关于化学的题全部做了一遍。中考时，我化学考了 98 分。

其次，要形成积极的家庭氛围。父母要积极地鼓励孩子：孩子，你的努力我们都看到了（即使孩子的努力程度没有达到我们的预期，此时也要说孩子努力），相信自己，这不过是黎明前的黑暗罢了。坚持走过去，光明就在眼前。千万别觉得这样说做作。这个时候，孩子需要这种做作。在孩子听来，父母是相信他的，也是理解他的，孩子嘴上不说，但心里会感动。

再次，调整方法，强调练习，重视总结。这是克服"高原反应"最重要的一个步骤。所谓的"调整方法"，就是自己要进行前后对比。以前是抓基础的背诵，那么接下来就要反复练习中档题；以前重视子题的练习，接下来就要归纳母题，把每一个母题涉及的知识点记牢，将每一种母题的答题模板都内化为自己的答题模式。这个时期，听从经验丰富的学科老师指导比较容易找到适合自己的学习方法。

孩子的一些学习方法会逐渐暴露出缺点，这个时候要注意改进。比如有些孩子背书特别勤奋，但是收效甚微。问题出在哪里？背书的方法不对。他采用的是背音不背字、背字不背意的方法，张嘴就背，耗时却低效。正确的背书方法是，手执一支笔，逐字逐句读一遍，画出重点与难点，理解其意思，想通文段内部联系与逻辑关系，再大声朗读，朗读时将文字转化为画面，最后一边默念文字，一边默想画面。这样的方法背得又快又牢。不止语文学科，其他学科也可如法炮制。

然后，保持勤奋。越是觉得效果不明显时，越要加大训练量。知识熟练，考试才能保持敏感度。练题时也要讲究方法。我曾经自创了一种方法，具体做法是：一手拿题单，一手拿笔，面前堆放草稿纸。先看题，保证会做，一笔画过去，略过，再看下一个，会做，仍略过，不会的，停留下来，坚决搞懂。如果是涉及多个知识点的母题，最好将其整理在"纠错本"上。

最后，针对自己的"弱点"进行强化定点训练。"头痛医头，脚痛医脚"，哪门学科弱，就匀出时间定点训练哪门学科。先练习本市近十年的中考试题，再练习本省其他市的中考试题。练完一套题后，一定要针对自测结果做补缺练习。

"高原反应"只是复习过程中出现的正常情况，只要家长和孩子做到"心态平和，行动积极"，就一定能通关升级。

20. 孩子学得好考不好怎么办

有家长非常苦恼，因为他的孩子学习能力很强，学得也不错，不知为何，一到考试，12分的水平就只能考出8分，这可怎么办才好啊？

"学得好却考不好"，是真的吗？我告诉你，是真的。我自己就是个例子，只不过我是学得一般但却考得非一般的那个人。我与我侄子同年出生，我们同一年入学，还做了三年的同班同学，一年的同桌。听课，他比我专注，我会偷偷看小说，或者与前后左右的同学搭讪。作业，他比我完成得好，我会偷偷打折扣，老师发现了，我就说粗心大意做漏了，老师没发现就蒙混过关。上课回答问题，他旁征博引、侃侃而谈，我就只能单刀直入、言简意赅。我们写出来的同题作文，他的主题明确、文笔流畅，我的云山雾罩、不知所云。总之，不论是老师还是同学，抑或是我的族人，都认为我侄子比我学得好，甚至连我自己都认为我所学远不如侄子全面、扎实，我就一"半罐水"而已。一个衰草连天的姑姑与一个欣欣向荣的侄子同龄、同班、同年级，但是，只要是正儿八经进考场的考试，我侄子没有哪一次能赢过我。哪怕成年后的各项考试，他都是我的手下败将，我成了名副其实的考霸。最初，他们都认为是我运气好，是偶然事件，但是长年累月，我都能在考场上遥遥领先于侄子，这就绝不是仅靠运气好能做到了。

做了教师后，我更是看到很多学生在学习上很勤奋，知识面也挺宽广，但一进考场就不灵了。这是为何？我们先来分析考不好的原因究竟有哪些。

（1）相关知识没学懂。这是考试失利的硬伤，只要有了这道硬伤，必败无疑。要想考得好，就必须把每个知识点学懂，并且能灵活运用。这可是考试成功的前提条件，也是必要条件。

（2）理解能力低下，读不懂试题要求。改试卷时经常会看到问牛答马的答案，或者写了一堆文字却不得要领。读不懂题目就跟盲人摸象一样，考试成功的概率太小了。要想考得好，就必须学会抓住题目中的关键词，并准确分析其指向。

（3）书写潦草，难以辨认。我改试卷时，遇到那种难以辨认的书写，就只能给低分了。哪怕考生觉得自己的答案非常完整，只要阅卷老师不认识，都会给判错或给低分。要想考得好，平时就要练书法，即使写不出潇洒、漂亮的字体，也应该写得工整清楚，让人能够辨认。

（4）做题速度慢，试卷难做完。有些慢性子的学生，做事拖拉磨蹭，考试也是患得患失、瞻前顾后，每次考试都无法按时做完试卷上的题目。不管平时学得多好，做不完题目，那就是实打实扣分了。要想考得好，平时就得练做题速度，并且还要多做题。熟不仅能生巧，还能生快。

（5）急功近利，总想压倒他人。有好胜心不是坏事，但脑子里想的只有胜过别人一事，心态就会急躁，做题也会冒进。应该把目标定位为战胜自己，把人性里那些懒惰、拖拉、嫉妒等不良元素挤出来，轻装上阵。我们不需要胜过他人，只需要胜过自己，目光所及，笔力所指，都是如何改变自己，最后取得的成绩都是无心插柳。我做了教师后，特别强调学生要习得优秀的学习品质。

上述考不好的原因，要么是学得不好，要么是心态不好，要么是性格导致。但确实有不少学生平时学习优秀，心态阳光，性格温良，不论怎么看，他们都应该是一群考得好的人，为何会像我侄子一样到大考就不行呢？

因为他们没有掌握考试的技巧。没错，考霸未必是学得最好的，但一定是最会考试的。他们一定是找到了个中窍门，摸清了个中规律，所以每次都能云淡风轻地拔得头筹。

那么，有哪些考试技巧值得借鉴呢？请听我这个考霸面授机宜吧。

（1）要有"死猪不怕开水烫"的阿Q心态。考试嘛，多大点事？就是检测一下近期所学怎么样，有必要寝食难安吗？有必要患得患失吗？万一考试失败了，丢脸是吧？这又是多大点事？面子掉地上了，捡起来，擦拭下灰尘，重新贴上去还更干净。常怀这种心态，就不会产生考前焦虑，能吃能睡心情好，走进考场不慌不忙，淡定从容，做题时一气呵成，很少有卡壳的时候。

（2）研究课程标准，搞清楚"学什么"。很多学生认为课程标准是老师应该研究的，学生只需要听老师讲课就行了。我做学生时，可不这么认为。我认为我是学习者，就必须知道要学什么。坦白说，小学低年级我不懂，但到了小学高年级就懂了。当我知道了"学什么"，方向就很明确了，在学习上很少走弯路。其实，从这里可以看出我是一个目标性特别强的人。

（3）研究考试纲要，搞清楚"考什么"。既然要考试，连考什么都不知道，那还考什么呢？我会花很多时间把老师讲的考点记下来，并分析它们在试卷上出现的频率。尤其是语文学科，可以毫不夸张地说，我的考试成绩从来就没低过90分（100分制）。哪怕不听老师讲课，我也能考出90分以上的成绩。为什么？因为我把每个考点都搞明白了。我仅凭直觉就知道哪里会考，哪里不会考，所以复习特别有针对性，虽耗时不多，但颇有成效。我看到有些孩子复习的时候，恨不得掐他脑门。为什么？明明考第三单元，迫在眉睫了，他还在装模作样地复习第二单元，甚至心不在焉地翻没有学的第四单元。这种行为就好比一个行人站在十字路口完全不知道自己所行何方。此人不败，天理何在？

（4）研究试卷，搞清楚"怎么考"。做学生时，我会花很多时间去研究试卷，根据试题分析出题的类型，它们涉及哪些知识点，这些知识点分布在教材的哪个地方。弄清楚怎么考后，事情就简单了。

（5）研究评卷标准，搞清楚"答题模式"。我一直认为考试比较简单粗暴，极为功利。正因为简单粗暴，所以考试题目就有较为规范且固定的作答模板。我会研究标准答案以什么句式呈现，有没有通用的答题公式，尤其是文科，更要条分缕析，踩点答题。阅卷老师看到的答案既清楚又全面，还很规范，心怀愉悦之下就会打出好看的分数。

（6）研究成绩好的学生的试卷，搞清楚"答题亮点"。借成绩好的孩子的试卷反复研究，分析试卷上的得分点在哪里。我作为老师也会研究这些答题卷。通常情况下，他们的试卷会呈现出这样的特点：答题非常规范，该用的术语一个都不少；答案句式首尾照应，天衣无缝；答题点明确，条理清楚；作文完全按评分标准来写。这些孩子在未来的道路能否胜出很难说，但至少在这张试卷上是胜出了。而且，凭这样的考试思维，还会继续在考场上叱咤风云。

　　学习能力是一个人必须具备的素质，考试能力也应该是必备素质。作为学生，学得无比优异，考得一塌糊涂，这就说明，这种学生学得死板，解决问题的能力不足，今后在职场上也难以成为佼佼者。

21. 备考阶段，孩子的心态总是稳不住怎么办

　　心态稳不住是怎么个状态？就是没来由地感到压抑，总觉得别人又超过自己了；感觉什么都要考，抓不住重点，心里特别慌；总是在某个问题上纠结，走不出自设的心理困局，很容易分心、焦躁；心中茫然，面对众多知识点无从下手；考试特别紧张，写题时生怕写错，而这时恰好就写错一道简单的高分题；不由自主地关注周围的人写到试卷第几面了，作文写到第几行了，只要看到别人比自己写得快，心态立即就绷不住了，开始急躁，思考力下降，如果是数学，立马就卡壳，一卡壳就凌乱，一凌乱就崩溃，最后陷入绝望，遇到英语出现不确定的答案也会难以继续；考前如果听到有人大肆吹牛，心情也会低落；考试后特别关心答案和分数，一旦跟自己预期不符，心态立即崩溃，后面的考试一定大受影响。

　　各位家长朋友，你的孩子有没有上述心态不稳的现象呢？如果有，那你确实需要帮助孩子调整了。

　　那么，导致心态稳不住的具体原因有哪些呢？

　　（1）总是忍不住关注别人在学什么，有没有听课，有没有做作业，一旦发现别人很认真，并且效果非常好，整个人就觉得不好了。

　　（2）认为自己天资聪颖，并且所学知识都懂了，但是总考不出理想的成绩，于是开始怀疑自己，甚至怀疑人生。

　　（3）每次复习时，感觉什么都要考，每个知识点都平均用力，复习缺乏针对性，导致冷门知识都知道，热门知识却不熟，每次考试都犯低级错误。

　　（4）考试前后各种不如意的情况都会成为压倒自己的最后一根稻草。

（5）做题时没来由地焦虑、麻木，甚至出现散瞳的现象，严重影响了做题质量。

在学生看来，这些现象是导致他们在备考阶段心态稳不住的诱因。不过在我看来，这不是什么诱因，而是心态稳不住的具体表现。真正的原因与孩子的性格有关系。下面，我就来分析性格与学习之间的关系。我们把人的性格分为4种主打色，分别是红色、黄色、蓝色、绿色。

红色性格的学生在学习成就上追求不高，他们只要快乐就好，喜欢刷存在感，喜欢别人关注他们，很介意别人的看法，所以他们的情绪很容易沮丧。这种性格的学生，成绩在班里一般都不冒尖。

黄色性格的学生在学习上总想与人一较高下，有很强的嫉妒心和成功欲。他们目标很明确，并且目标感特别强，当然，虚荣心也比较强。所以，他们一旦在学习上遭遇瓶颈，情绪就特别急躁，一急躁就方寸大乱，导致更多的失败。如果陷入"失望—急躁—失败—更失望—更急躁—更失败"这样的恶性循环，他的心魔即刻出现，失败就成了必然。

蓝色性格的学生在学习上善于思考，善于总结，对待学习的态度很端正。不过，他们喜欢在某一个知识点上较劲，缺乏全局观。他们会为了追求某个细节而放下重要的知识。他们喜欢琢磨，总是深陷某个题目走不出来。当然，他们也好胜，因为喜欢被欣赏、被尊敬的感觉。他们很怕失败，情绪特别容易低落，严重时还会崩溃。

绿色性格的学生在学习上很佛系。他们在学习上遇到失败一般都选择逃避或者装无感，甚至打心里承认自己不行，心甘情愿做那个"坐在地上为别人鼓掌"的人，所以心态无所谓稳不稳得住。

经过分析，我们就知道哪些孩子的心态平稳，可以顺利过渡到中考，哪些孩子的心态容易崩盘，如果缺乏外力的帮助，很有可能面临巨大挑战。

一般来讲，学生在4月中下旬很容易出现复习的高原反应，但到了5月上旬，"高原反应"就会慢慢消除，复习效率又会提升一个档次。为何"高原反应"已经克服了，还会出现心态不稳的情况呢？原因不难解释：

（1）求胜心切。总想通过自己的努力证明给家人或亲戚朋友看：我不差，我就是那个"别人家的孩子"。所谓"过刚者易折，好胜者易败"，凡事过分索求，就会物极必反。

（2）爱面子，输不起。特别在意自己的面子，尤其在同龄人面前，总想成为头部人物。赢得起，输不起，有事没事就脑补自己失败之后的惨状，想多了，心态自然就稳不住了。

那么，对于这种目标明确、求胜心切，并且又特别爱面子的孩子，家长该如何来指导孩子调整心态呢？

（1）认知层面。首先，一定要告诉孩子，这仅是一次大型的阶段性考试，并不完全决定一个人的未来，因此不必搞得"非它莫属"。其次，这场考试仅是对自己所学知识的检测，不是考给别人看的，每个考生只需对自己负责。再次，必须承认人的差异性，虽说条条大路通罗马，但我们必须承认，有些人一生下来就在罗马，所以人和人的比较更多的是在未来，而不仅仅只有当下。人生打的就是持久战，赢在最后才是真正的赢家。最后，把目光朝向自己，与自己人性里的弱点做斗争，而不是用别人的行动指南来指导自己，不然就是在为别人而活。

（2）行动层面。首先，纠偏纠错。弱势学科可以多用力，但一定要把时间和精力用在基础知识的复习巩固上，以及中档题的反复演练上。强势学科则要花时间纠错，错字、漏字尽量不出现，绝不在曾经的错题上摔跟头。总之，一定要记住，拖后腿的学科要死拽住，低级错误不要一而再再而三地犯。其次，把注意力放在自己的复习资料或者考试试卷上，心无旁骛，只关注自己写得美不美，做得好不好，不要有事没事扭头看竞争对手做得怎么样。再次，如果孩子在复习过程中确实无从下手，那么建议孩子做一个跟随者，紧跟老师的复习安排，把老师布置的每个知识点都掌握牢固并能灵活运用。最后，把每个学科考点的思维导图装进脑子里，采用各个击破的方法，完成一个知识点的复习就划掉一个，直到划完，然后再用此法复习第二轮，甚至第三轮。

千万别抱怨作业多，如果你的孩子学习不是特别优秀，练习真的很重要。做题绝不是单纯完成老师布置的作业，而是每做一道题都要想一想：我以前见过这种题型吗？需要储备哪些知识点才可以顺利解决它？用什么样的答题方式才能确保不扣分？只要孩子琢磨这些问题，而非纠结会不会做，进步就会很快。那些不会做的问题，临近考试，时间已经不允许花一两个小时去琢磨了，还是赶紧问老师吧，不要耗在低效复习上。

　　一个人想要赢过别人无可厚非，不过在赢过别人之前，一定要清醒地认识到，只有先赢过自己，才能赢过别人。只要孩子对此深信不疑，心态就一定能稳住。

22. 孩子一进房间就锁门怎么办

不少家长朋友向我倒苦水，说孩子进入青春期脾气大涨，尤其是到了最后的备考阶段，好像全家都欠他似的。每天一回家，招呼没有，笑脸全无，一进屋子"咣当"一声就把门关了，接着就是反手锁门的声音，搞得全家紧张兮兮，说话做事都得看他脸色。发个脾气还能理解，毕竟复习紧张，压力大，需要有个出口缓解心里的压力，但一回家就锁门，一个人躲在屋子里，究竟在做什么，做父母的完全把控不住，心里慌。还有一两个月就要中考了，这可怎么办啊？

青春期的孩子本来就有些叛逆，何况还伴随着高强度的复习，以及不确定的未来，他们心里的迷茫、困惑、无力感是很严重的。紧闭房门，把自己锁在狭小的空间里，求的不外乎是一个安全感。当然，也有其他一些原因使得他们一回家就把自己锁在房间里，比如：

（1）认为自己长大了，应该独立自主了。孩子进入青春期，随着身体长高长壮以及认知水平的提高，他们觉得自己长大了，要与父母划清边界了。所以，这个阶段的孩子回到家里再也不愿意与父母分享班级里的趣事，也不愿意告诉父母班里的同学关系，更不会告诉父母他喜欢谁、讨厌谁。家长要是忍不住好奇心询问孩子，性格温和的孩子就打太极，说自己也不知道；性格急躁并且亲子关系不和谐的孩子就会没好气地说：你烦不烦呀？孩子连话都不想跟父母说，怎么可能让父母随意进入他的房间呢？

（2）逃避家长的监管，为所欲为。这样的孩子现在是越来越多了。他们生活在并不缺爱的家庭，父母关系也很和谐，但是他们厌恶学习，贪图玩乐，一回家就躲在屋子里玩电脑或者手机。这些孩子很懒，玩乐是他们最大的追求，谁管他就跟谁急。"读书很重要"的道理他们都懂，但他们贪图玩乐，意志薄弱，故"知而不行"。

（3）思想独立，需要一个安静的空间。有些孩子喜欢安静，也喜欢思考，不想被打扰。有些家庭人多嘴杂，还有二宝吵嚷哭闹，或者是房屋周边有嘈杂之声干扰，他们就喜欢躲在封闭的空间里自成一统。父母随意进入他们的空间，他们就觉得自己的领地被侵犯了。反应程度由孩子的性格决定。性格温和的孩子抱怨几声也就作罢，性格敏感的孩子会暗自生气，性格强势的孩子会表示反感，性格急躁的孩子会跟家长对抗。

（4）利用单独空间搞副业。备考阶段的孩子大多舍弃了自己所爱，把学科知识的复习当作人生第一大事。可还是有些孩子舍不得放下自己的兴趣爱好。有个女孩的妈妈就特别焦虑，她的女儿很喜欢画画，并且画技不俗，多次在区里以及市里获奖，但是女孩的成绩不够拔尖，又没有当地户口，所以考高中不是很有把握。女孩想通过美术特长生的身份进入高中就读，这个想法既获得了美术老师的支持，也获得了班主任的认可。但是这个女孩特别痴迷作画，每天得空就把自己锁在房间里画，文化课基本放弃了。她的妈妈异常着急，但又很无奈。因为以前比较骄纵女儿，现在突然要约束，女儿当然就不依了，母女之间的关系很糟。妈妈反复求助老师，可老师也鞭长莫及，深感无奈。

孩子一回家就躲房间不出来，并且也不允许父母进去。这对父母来说，的确是一个困局。那么，家长该如何破局呢？

家长要先评估自己的孩子。如果自己的孩子有明确的目标，且目标感非常强，孩子还特别自律，分得清轻重缓急，也比较理性，关键是学校老师对孩子是零投诉，他上课状态好，复习效果明显，作业完成得一丝不苟，那就让他关门呗！这样的孩子有资格拥有个人的专属空间。父母可以敲门问问孩子要不要喝水或吃水果，征得孩子同意就进屋给孩子送水或水果。孩子不同意家长进去，那家长就识趣地忙自己的事去，千万别强行撞门而入。纪伯伦说："你的孩子，其实不是你的孩子，他们是生命对于自身渴望而诞生的孩子。他们通过你来到这世界，却非因你而来，他们在你身边，却并不属于你。你可以给予他们的是你的爱，却不是你的想法，因为他们自己有自己的思想。你可以庇护的是他们的身体，却不是他们的灵魂，因为他们的灵魂属于明天，属于你做梦也无法达到的明天。你可以拼尽全力，变得像他们一样，却不要让他们变得和你一样，因为生命不会后退，也不在过去停留……"你听听，孩子都不属于你，你冲到人家房间去干什么呢？

如果自己的孩子确实不够自律，一进到房间就打开电脑玩游戏，拿着手机狂聊天，书不看，作业不写，除了玩就是玩，此种情况怎么办呢？

纪伯伦说得没错。孩子其实不是我们的孩子。但是，我们未经孩子同意就把他们带到这个世界来了，就必须为他们的未来负责，为他们计深远。

此时父母必须雄起，必须硬气。你吃我的，穿我的，就不说了，你竟然不为自己的未来努力，那就不行。作为父母，我可以接受自己的孩子平凡乃至平庸，但绝不接受孩子懒惰，因为万恶懒为首。

一个家庭，有自己坚守的价值观，有积极上进的家风，孩子哪里敢不听父母的话？有个农村的单亲母亲，受教育程度很低，但是她却把儿子培养成了清华大学的高材生。孩子能考进清华大学，固然天赋异禀，但如果没有良好的家风熏陶，孩子天赋再高，也难成才。记者采访这位母亲，她想了很久都说不出什么独特的方法。后来她说："我也不知道什么教育方法，就是有一件事我是逼着他从小做到大，那就是每天早晨我起床做早饭，孩子就必须起床敞开大门高声读书给我听。不管孩子有多大怨气，我都要他敞开大门高声读书，一直读到高三。"读书给母亲听，已经成了孩子生命的一部分。这就是坚持与坚守的家风。各位家长朋友，你的孩子在表达不满时，你是否坚持了你的正确做法呢？你是否进行了"认真、上进、真诚、配合、体谅……"的家风建设呢？

一个没有原则、没有积极文化的家庭，怎么养得出"懂礼、孝顺、体贴、配合"的孩子呢？

最后，我建议家长朋友与孩子友好沟通，定出契约，用契约精神来管理家庭成员。那么，如何制定契约呢？我这里提供一个模板供各位家长朋友参考：

关于××同学回家反锁房门的管理契约

甲方：父母。在孩子成长的过程中，父母必须给予孩子充分的理解与关爱。尊重孩子的个人空间，不做跨越边界的事情，但有权监管未成年孩子的不良行为，推动孩子朝向美好。

乙方：孩子。尊重父母的正当管教，不随便向父母撒气，不以自甘沉沦的形式来伤害父母，对于父母的正确建议要接受，为自己的前途负责。

为让甲方跟乙方和谐相处，双方都能得到成长的滋养，特将日常生活划出边界，定出契约，希望双方都能恪守规则！

一、关于生活空间。甲方必须为乙方提供独立的生活空间，甲方如要进入乙方的生活空间，必须敲门或者事先预约，获得乙方许可。当甲方事先告知，并且确有进入乙方空间的正当理由，乙方不可以将甲方拒之门外。

二、关于反锁房门。乙方可以反锁自己的房门，但必须在房间里做与学习有关的事情，不得利用单独空间玩电脑以及手机。甲方有事敲门，乙方要做出回应，要及时打开房门与甲方进行心平气和的沟通。甲方一旦同意乙方反锁房门，就不要啰嗦、唠叨，而是要给予乙方充分的信任。

三、关于手机和网络的使用。为方便沟通和学习，乙方有权要求甲方提供手机和网络的使用权。甲方在经济条件许可的情况下，要满足乙方的需求。但乙方必须向甲方保证不过度使用手机和网络。如果乙方不守规矩，利用单独空间肆意玩乐，甲方有权没收手机，并且要求乙方在学习时必须将房门敞开，不敞开也必须做到虚掩。

甲方（签字）：

乙方（签字）：

时间：×年×月×日

还有一个小提醒：把孩子房间里凡是会影响他学习的玩物都拿走。对待自控力差的孩子，减少诱惑也是良策。

23. 大考在即，孩子内心还在莫名其妙地躁动怎么办

眼看距离中考不足一个月了，有些家长还在向我求助，说孩子越来越躁动了。

按理说，马上就要面临一场事关前途的考试，孩子们应该心平气和、朝前冲才对，干吗还躁动起来了呢？

那么，躁动是什么意思呢？网上有三种解释，分别是：（1）浮躁好动；（2）焦急奔走；（3）不停地跳动。内心莫名其妙地躁动，跟心情有关。具体描述应该是：该静心看书写作业时，胡思乱想无从下笔，待时间流逝之后又悔不当初；不由自主地把注意力转移到与学习无关的事上去，考试达不到预期又无比颓丧；总想兼顾学习、交友等各种事情，到头来学习却一塌糊涂。总之，明知要临阵磨枪却又总是临阵逃脱。

说起这种状态，我感同身受。某次我在班里说，有个网友评价我的文章有宫廷剧的风格，我当时不知道这个评价是褒还是贬。一个学生告诉我说应该是褒。随后，她建议我看当时热播的一部宫廷剧——这已经是她第二次建议我看了。我迟疑了一下，说："那我先看看，然后再写文章。"于是，中午回家，我抓紧时间缓存了这部电视剧。恰好周末晚上我要乘飞机去西安，按照以往的惯例，我一上飞机就开始写文章，等到下飞机时，文章基本上写好了。可是那个周末，我坐了两次飞机，还有其他的碎片时间，竟然一篇文章也没写出来，心里特别忐忑。因为我总想着看那部电视剧，又想着文章没写，心里火燎一般，躁得慌。

我为什么会躁？因为偏离了我的目标，心里着急，产生了自责情绪。我

毕竟是成年人，有很强的自我觉知能力，所以很快就根据自己的需要进行了取舍，心就安静了下来，工作效率成倍增长。正值青春期的孩子，躁动也是正常的，不过，大考在即，还躁动不安，确实不妥。那么，引发躁动的原因有哪些呢？

（1）从生理方面来讲，是多巴胺惹的祸。多巴胺是一种可以令人兴奋、躁动的神经递质。处于青春期的孩子，看到自己中意的异性，参加令人兴奋的活动，想到令自己愉悦的画面，都会增加多巴胺的分泌量，从而生出兴奋、躁动的感觉。多巴胺也不是时刻都在分泌，当人的身体和心情处于平静之时，多巴胺的分泌是会受到抑制的。但如果孩子心里有中意的对象，或者是偷偷利用手机看一些热闹、刺激的视频，就很容易分泌多巴胺。孩子知道不知道中考的重要性？知道，但是他们管不住自己。他们不是用大脑管手脚，而是用手脚管大脑，或者是用本能管大脑。

（2）从心理方面来讲，是目标感不强的表现。很多人有目标，但目标很模糊，没有实现目标的强烈愿望。我建议家长们看看《青春派》这部电影，讲的虽然是高三学生的故事，但也很符合九年级学生的心理特点。电影里的贾迪，家里富有，个人也没什么目标，所以每天在教室里躁来躁去。相反，电影中的齐明智，聪明、敢担当又充满勇气，并且目标非常明确，所以很有定力，不容易受到外界影响，他就是想躁也躁不起来。高考对他来说，是人生之中最大的事情，他非常清楚自己想要什么。

（3）从性格方面来讲，红色和黄色性格容易躁动。红色性格活泼好动，喜欢表现自己，追求快乐，坚持性弱，很容易被外界环境所左右。因此，一旦得到别人的负面评价，或者朋友关系出现裂痕，就会心烦气躁，看什么都不顺眼。黄色性格的人一旦有自己明确的目标，是很有韧性的，再难都要咬牙坚持。但如果他不爱学习，根本不知道自己想要什么，那么躁起来就会没有边际。蓝色性格的人呢，表面看起来纹丝不动，但如果心里的疙瘩没有理顺，也容易躁动。不过，这份躁动隐藏得比较深，外人看不出而已。前面已经有文章对孩子的性格进行了分析，家长可以对照孩子的表现，测试一下他究竟是什么类型的性格，然后有针对性地安抚孩子那颗躁动不安的心。

（4）从人际关系来讲，置身负面朋友圈很难安静下来。如果孩子的朋友是一些不思上进、自暴自弃的人，你的孩子想要安心读书，他们就会干扰，甚至排挤你的孩子。

（5）家庭氛围嘈杂，也很容易心情躁动不安。比如父母爱吵架，弟妹爱打闹，整日里搞得鸡飞狗跳，再心平气和的人也难免火气外窜。作为青春期的孩子，备考压力很大，就非常容易烦躁。

（6）能力欠缺，难以达成预期目标，令人心烦意乱。课，听不懂；题，做不会；考试，分数难看。无论怎么努力，都达不成预期目标，于是沮丧，沮丧之后便是难以抑制的烦躁。

其实，不论是哪一种情况的备考生，心里都会出现莫名躁动的现象，区别只在于轻重，在于能否及时调节。那么，一旦出现莫名躁动，该如何调节呢？这个时候，父母挺身而出就很重要了。

（1）承认并接受躁动情绪。既然是迎接大考，压力自然比较大，情绪起落都属正常。与其千方百计抵制这种躁动情绪，还不如先接受这种情绪，然后再平息它。如何平息呢？我建议孩子们每天下课去教室外站一站、走一走，再看一看风景，大课间多运动，下午晚修前去操场跑两圈。总之，把自己搞得忙碌充实，心就会慢慢沉下来。

（2）描绘愿望落空后的情景，以刺激自己当下努力。孩子毕业之后想读哪所学校，一定要明确，并且将其作为奋斗的目标。心情躁动时，就帮孩子描绘愿望落空无处可去的惨景：别人拿着录取通知书去新学校报名，你却颓然地躲在角落自怨自艾——偌大一个深圳，竟没有学校接纳我，可怜啊。还有，家里父母爱唠叨，弟妹爱打闹，就明确告诉你的孩子：如果你天天守着一堆烦躁不思进取，请问你离得开家里的乌烟瘴气吗？翅膀不长硬，如何飞得起来？你要想不烦，那就长点本事考出去。

（3）果断清理自己的朋友圈。作为老师，我总是在班里鼓励孩子们清理自己的朋友圈，就像我很反对交朋友似的。我当然不是这个意思。如果学生的朋友圈质量很高当然不必，但如果都是一些带来负面影响的朋友，那就必须远离。我儿子在青春期阶段交什么性格、何样家境的朋友我不管，但必须习惯好、人品好，不能达到这两个标准，我坚决反对他们交往。在孩子交友这个方面，父母要有底线。

（4）尽可能待在一个安静的空间。一个本身就容易躁的人，又喜欢待在一个热闹的地方，心里片刻也不宁。静能生定，定能生慧。想要有所得，就要有所舍。躲在一边好好刷题，好好修心，好运必来找你！

说一千，道一万，都不如有个势在必得的愿望来得重要。能够在滚滚红尘中静心修炼的人，都有极强的目标感和执行力。就如孟子在《鱼我所欲也》中所说："所欲有甚于生者，故不为苟得也"。一个孩子，如果对考上高中的欲望胜过当下一切，就会克服种种困难，找到自己最好的状态。

24. 考前一个月，家长需要做哪些准备

前面我都在讲孩子备考阶段压力大，很焦虑，躁动不安，其实，以我多年把关毕业班的经验看，家长才是最焦虑的一群人。尤其到了备考的最后阶段，家长不仅自己焦虑，还会有意无意地将焦虑转移给孩子，令孩子坐卧不安。

通常情况下，焦虑的家长有哪些表现呢？

（1）过度关注孩子的考试成绩。每次考试前后，家长比孩子还紧张。成绩一出来，情绪完全随着分数变化。孩子考得好，正常，考得不好，早早晚晚都在孩子耳朵边念"紧箍咒"：你要是考不上，看你怎么办？我反正是不会拿钱让你去读私立学校的。或者说：考不上你就自己回老家读，我懒得管你。担忧之声不绝于耳，孩子的大脑就像要爆炸了，于是就会大发脾气以示抗议。

（2）过分小心翼翼、低眉垂首。生怕自己走路的声音打扰了孩子，生怕自己说话语气不当惹恼了孩子，生怕自己饭菜没做好影响孩子食欲。家长的各种"生怕"，实则严重影响了孩子的心情。亲子关系一般的孩子会觉得父母这种有悖于常态的做法令人讨厌，亲子关系和谐的孩子会觉得父母为自己付出太多而感到愧疚，徒增压力。

（3）总是觉得孩子的状态不好，作业太少。看见孩子略显疲态，以为状态不好，着急了；看见孩子玩了下手机，以为作业太少，抓狂了；看见孩子独自一人躲在卧室里，猜疑了……总之，很多家长就是恨不得自家孩子每天眼睛发亮，作业缠身，秘密公开，朋友全无，只一心读圣贤书最好。就是机

器,也得保养,何况是人啊!越是在忙累的情况下,越是要允许孩子忙中偷闲,自我放松一下。

多数时候,孩子们还没上"战场",就已经被家长的焦虑病感染了。于是有些孩子的感冒生出来了,咳嗽现身了,瞌睡现象也越来越严重了,复习的"高原反应"也出现了。备考首先要备家长,其次才是备学生。那么,家有中考生(高考生同样适用)的家长,需要做哪些方面的准备呢?

(1)以前什么样就什么样。以前你都没太关注孩子的分数和作业,突然关注了,孩子就会怀疑家长别有用心,认为你关心的不是他本人而是他的成绩,关注的是他能否升学,孩子会觉得家长功利,对他们的爱是有条件的。以前都没特别加餐,突然就各种营养汇聚,十全大补,孩子就会无所适从,心生愧疚,要是考不上,怎么对得起那些鸡鸭鱼和猪牛羊的英勇献身呢?所以家长一定要保持一颗平常心,该上班就好生上班,别折腾;平时吃什么就还吃什么,别搞得满桌子山珍海味,孩子却味同嚼蜡;平时喜欢自黑,继续自黑;平时喜欢调侃孩子,继续调侃……不论做什么,都跟平时一样。当然,家长也不能故作置之不理,令孩子认为家长不重视自己人生的第一场大考。家长只需要真诚地对孩子说:抓紧时间,努力拼搏,然后把一切交给运气,不论运气好坏都不会影响你在爸妈心中的重要地位。说完这句话,行动上要向孩子表示:你不是一个人在战斗!我们一家人都是你的坚强后盾!

(2)减少不必要的应酬。不必刻意告诉孩子,因为孩子要中考了,所以爸爸妈妈压缩了自己的社交时间。只需要记得家里有个孩子在备考,身心都很累,他们需要家人的陪伴。哪怕他们没时间跟家人闲聊,但看到家人,内心也是很踏实的。以前下班爸爸要出去喝大酒,现在就早点回家弄几个小菜喝点小酒。以前妈妈总是找闺蜜出去逛街,现在就早点回家洗手煮汤羹。多做事,少说话,用行动表示对孩子的关心。

(3)夫妻关系要和睦。父母的关系就好比管理孩子情绪的钥匙。父母关系和睦,孩子心情平静愉悦。父母关系不睦,总是吵来吵去,孩子就心绪波动较大。备考期间,孩子的情绪最好处在平稳状态,这有利于孩子考试的发挥。因此,夫妻之间再大的问题都要等到孩子考试结束后处理。即便是一些小矛盾,也要关起门来好好沟通,不可搞得一地鸡毛。

（4）保持良好的心态。所谓"谋事在人，成事在天"。中考不过是孩子人生旅途中众多考试的一次。如果第一次考试都绷不住，今后还怎么考呢？再说了，孩子的人生那么长，哪里是比一次就结束了？告诉孩子，也告诫自己，人生打的就是持久战，干吗非得赌这一次呢？父母的心态平稳了，焦虑程度就会降低，孩子受到的负面影响就小。

这是作为家长应该进行的自我调适。那么，关于孩子的备考，家长需要有哪些认识呢？我觉得可以从以下四个方面来指导孩子备考。

（1）备身体。永远都要记得，身体第一。不论做什么，拼的都是身体。因此，家长在孩子备考期间要照顾好孩子的身体。一般来说，太累会使孩子的免疫力降低，睡眠不足会令孩子头昏脑涨。家长过于苛责也会令孩子在潜意识里发出生病的信号。春夏之交，气候变化不定，温度时高时低，要提醒孩子合理穿衣。一旦孩子出现感冒发烧症状，不要奢望孩子的身体自己修复，平时可以这样，毕竟人体有自我修复功能，但备考阶段不要冒这个险。该看医生就当机立断去看医生，该吃药就吃药，该打针就打针，不然孩子拖着病体复习，效果一定会大打折扣。

（2）备心态。有些孩子好胜心很强，给自己设定的目标特别高，一旦没达标，心态立马就崩了。这种输不起、稳不住的心态当然不能持续作战。因此，家长要在心里降低对孩子的期望值，给孩子降压。我中考前，母亲给我买了一架缝纫机，说："你努力复习吧，考上了，我砸锅卖铁也供你读书。没考上也没什么大不了，这个世界没考上学校的人多了去了，人家过得不也很好吗？我支持你去学缝纫，今后做个手艺人也一样过得好。"有母亲的话打底，我心态就很轻松，一心追逐过程，不问结果，结果就是我中考时超常发挥，考出了初中三年以来最好的成绩，成了一匹"黑马"，竟然考到师范类全县第一名。不过，也有一些孩子觉得自己考上理想学校的希望渺茫，于是就自我放松，想学就学一点，不想学就混日子。这种混日子的心态当然不可取，家长一定要及时发现孩子这种不以为然的消极心态，给孩子敲警钟、增压力，逼着孩子往前跑。

（3）备环境。将孩子的住处收拾干净、整理有序，书桌上的东西要整齐、简单。干净、舒适的环境有利于让孩子的心平静下来。孩子的心平静而专注了，复习效率就高了。还有，告诉孩子：干净、整齐、有序的环境会改变人的生命场，给人带来好运。

（4）备知识。孩子的身体处在最佳状态，心态阳光开朗、平稳放松，环境干净整齐，专注学习，知识点怎么会掌握不好呢？不过是顺手拈来的事。

家有考生，确实比平时要紧张一些，但再紧张也得绷住，再着急也得平和，再渴望孩子考个好高中也要根据孩子的实力来决定，万不可过度紧张、自乱阵脚，把孩子也拽到紧张不安的情绪中。

25. 如何指导女孩避免生理期对学习的不良影响

女孩的生理期对学习究竟有没有影响？这个要由女孩的身体素质，以及对生理期的接受程度来决定。身体素质好，对生理期也抱持着接受的态度，就能很轻松地度过生理期，对学习也不会造成大的影响。

每个家有小女初长成的妈妈，都要用自己的身体去感受一遍生理期的各种不适。为什么要让妈妈用自己的身体去感受？因为只有这样，才能感同身受。很多妈妈已经忘记青春期月经初潮时的感受了。爸爸无法感同身受，可以在网上查阅相关资料，通过文字与女儿的感受产生共情，从而理解女儿的不容易。

学习任务不减分毫，体育场上男女不分，考试时男女同等竞争，可是，女孩们每个月却要承受各种不适，甚至是难忍的疼痛。

虽说我对女孩生理期的不适感同身受，但这是女孩们长大必须承受的生理反应，避无可避，逃无可逃，唯有坦然面对，正确处理。那么，妈妈要如何引导自己的女儿呢？

首先，要教会女儿正确对待生理期。女儿来了月经，父母要表示惊喜，告诉女儿，来月经就意味着女性生殖系统开始发育，这表示一切正常，但一定要保护好自己。具体怎么保护呢？

（1）要注意保暖。少吹冷气，如不得不开冷气，最好加件外套。最好不洗头，如果一定要洗头，要用比平时热一点的水，洗完立即用电吹风吹干。还有，不冷水洗脚，寒从脚底起，病也从脚底起。

（2）忌喝冷饮，忌吃辣。这是基本常识，一定要遵守。可以喝温热的桂圆红枣茶、红糖姜水，小米粥也是不错的选择，总之要吃温性的食物。

（3）可以吃一些甜食，比如巧克力、蛋糕、酥糖等，增加幸福感，缓解生理期带来的郁闷情绪。

（4）拒绝疲劳，不可剧烈运动，晚上最好不熬夜，白天也不要超负荷劳动，要注意休息。

（5）保持愉快的心情。既然生理期是发育正常的女性必经的生理反应，那就不必排斥，而是把它当作人生的一部分，高高兴兴迎它来，欢欢喜喜送它走。

当女孩对生理期有了科学的认知，就会泰然处之。

其次，要帮助女孩妥善处理好生理期事宜。比如给女孩购买适合的卫生用品。

曾经有家长问我，女孩的生理期正好撞上考试，要不要想办法推迟？我不是医生，但咨询过妇科医生，他们非常反对女孩服药延迟生理期。是药三分毒，青春期女孩处在发育期，生殖系统没有完全成熟，药物会引起身体紊乱，有些还会出现头晕、恶心、疲倦的反应，更不利于考试。

所以，只需保持乐观、轻松的心情去面对考试，不必太在意，顺其自然就好。

当然，父母也不能置身事外，而是要帮助女孩顺利度过备考和中考，力争做到不影响学习和考试。

学习和考试是孩子自己的事，父母无法代替，能做的就是不要惹女儿生气；在饮食方面帮女儿做好调理，让女儿身无负担。除了肉蛋、蔬菜、奶制品，最好吃一些温性平和的水果，如苹果、葡萄、荔枝、大枣、木瓜、龙眼等，寒凉的水果尽量不要吃，如西瓜、香瓜、柿子、奇异果、香蕉、芒果、梨、草莓等。

最后，还有一个温馨提醒，如果孩子平时就有痛经症怎么办？那就尽量不给孩子施加压力，去医院找妇科医生，在医生的指导下适当吃些药物控制一下。

优异的成绩是通过努力得来的，优质的身体则是通过保养得来的。愿每个家长都用心把女儿保养成一个"人见人爱，花见花开"的女孩。

26. 如何指导孩子填报中考志愿

高考是考试结束后,分数出来之后再填志愿。而中考不同,大多数省份是先填志愿,后考试。很多家长在孩子填报志愿时特别困惑,不知道如何向孩子提供正确的建议。于是有些家长乱建议,导致孩子与理想学校失之交臂,甚至还无学校可去。有些家长则甩手不管,让孩子自己做主。孩子做主后,目的达成,皆大欢喜;目的不成,互相埋怨,全家不爽。

那么,孩子在填报中考志愿时,家长究竟要不要给予孩子建议呢?

中考的孩子才 15 岁,除了了解自己的喜好,其他都不太清楚,很难做出全面、理性的选择,因此家长一定要帮助孩子。

在家长帮助孩子做选择之前,我特别要提醒家长朋友,千万别越俎代庖,一定要听从孩子心底最真实的声音,在尊重孩子主观意愿的同时,帮助孩子进行客观、理性的分析。

为什么我要特别强调这个事呢?因为我的父母和老师在没有征求我的意见的情况下,偷偷篡改了我的中考志愿,让我错失了去最想去的学校读书的机会。这个错失成了我一辈子的遗憾,也彻底改变了我的人生走向。只能说,我还算是比较幸运的,误打误撞进了我最不喜欢的职业领域——教育,最后竟然还爱上了它,并且发展得还不错。试问,有多少人有这样的幸运?我的幸运只能算是个例,不可推广,更不可复制。所以,我特别不赞同父母偕同老师私自为学生做主,擅改学生的志愿。

父母只有尊重孩子内心最真实的想法,才有资格去指导孩子如何填报志愿,否则,把建议权交给孩子的老师,把选择权交给孩子自己吧。

父母在指导孩子填报志愿前，一定要与孩子一起研读报考指南。这个报考指南里有"报考条件"。细读"报考条件"，可以知晓孩子是否具备报考资格，需要准备哪些资料，是否享受加分的福利。比如在深圳，烈士子女、特殊岗位职工的子女会享受不同程度的加分。

报考指南还对招生学校的办学规模、所在地址、办学理念、校园风貌、招生人数、近几年高考成绩等，进行了比较详细的介绍。对各招生学校投放到各报考学校的指标，报考指南也有详细的说明。

如果读完报考指南还有疑惑，可以向招生学校办公室、报考学校的教学处打电话咨询。

总之，报考之前一定要收集大量的信息加以整合。不过，我要提醒各位家长一句：信息收集最好通过官方渠道。比如招生学校在报考指南上登载的信息，报考学校在报考家长会上的讲话，还有市招办发布的消息。这些信息来源比较可靠，千万别听信那种"给我5万，我保证你孩子有书读"的瞎话，这是明目张胆的诈骗。现在的招生政策，非常透明，也非常公平。

准备工作做好后，就要与孩子一道筛选学校了。怎么筛选学校呢？我列出了三个选择标准，分别是：

（1）关键词：渴慕，也就是要选择孩子内心渴慕已久的学校。

（2）关键词：达标，也就是要选择孩子分数够得着的学校。

（3）关键词：资源，也就是要选择孩子能够获得较多成长资源的学校。

标准列出后，接着就把符合这三个标准的所有学校找出来，最后按新标准排列出来，分别是：

（1）罗列出孩子特别喜欢的学校。

（2）罗列出分数可能超标的学校。

（3）罗列出分数刚好达标的学校。

（4）罗列出分数接近目标的学校。

按上述标准把学校罗列出来后，基本上就看得出哪些学校进得去，哪些可能就此擦肩而过。此时不必着急把志愿定下来，还需要根据主观因素与客观条件对志愿进行合理的评估。比如有些学生心心念念想考本市的名校，那么读名校究竟有哪些好处呢？这个一定要费心想一想。

（1）考上名校感觉自己特别有成就感，特别酷。

（2）给父母挣足了面子。

（3）有积极上进的学习氛围。

（4）有优质的同学圈子。

（5）有优质的课程资源。

（6）可以逃离父母的管束。

（7）可以看到更繁华的世界。

（8）考进好大学的可能性大。

（9）成年后的人脉圈子强大。

但是，凡事有利必有弊。既然读名校有诸多好处，当然，在拥有好处的同时，也伴随着弊端。那么，有哪些弊端呢？

（1）成绩不冒尖可能不被重视。

（2）远离父母可能情感缺失。

（3）优生扎堆，竞争压力大。

（4）学习紧张，人际关系淡漠。

（5）教学进度快，跟不上节奏。

（6）踩线录取做"凤尾"没面子。

（7）攀比之风太盛，费用高。

（8）中下成绩学生获得资源较少。

（9）学习较弱的学生容易被边缘化。

把所有的利弊进行对比后，家长和孩子还要花几天时间来盘点：我有能力考上吗？我的内心足够强大吗？我能承受所有的生命之重吗？如果答案是"能"，并且态度异常坚定，那就朝着自己心之所向，义无反顾。

在此分享一下我儿子中考时的选择吧。我儿子初中在我所任教的深圳市光明区光明中学就读。与他同班有5个同学是我校的教师子女，这5个孩子都选择了区外高中，当然也有进四大名校的。我儿子则选择报考光明中学高中部。

为什么我会建议儿子选择留在光明中学呢？

其一，我不想让儿子读寄宿学校。我一直认为，孩子在未满16岁前，最好不离开家庭。孩子必须有正常、健康、充满爱的家庭生活，他的情感世界才会健康、圆满，他今后的婚姻生活才会更美满，对家、对孩子的爱才会持久。虽然孩子读高中了，但有条件就近上学，我就一定让他就近。我家就住在学校旁边，上学、下学不过几分钟的事情。孩子每天中午可以回家吃顿美餐、睡个午觉，晚上可以回家享受自由的时光，不用考虑寝室里的同学关系。

其二，我儿子的成绩在初中只能算中上水平。考到外面去，并非不可能，但若要进到师资配备优良的班级就不容易了。他自己也跟我说过，如果分在一个学习氛围不良的班级，他也不能保证自己不受负面影响。在寝室里，其他同学在聊天打游戏，他也不能保证自己视若无睹，独学乐学。留在光明中学，他的成绩则可以处在中上水平，进到学习氛围浓厚的班级，获得更多的学习资源，得到更多老师的鼓励与支持。这对提升他的自信心有很大的帮助。

事实证明，我们的选择是正确的。我儿子进入高中后，各个成长元素都处在积极层面。他的身心特别健康，学习成绩也逐步提升。每考一次就进步几名，到了高三，他的成绩稳定在文科班的年级前五名。三年读下来，他考进了心仪的深圳大学。

什么样的学校才是好学校？我儿子的报考案例充分说明，适合孩子成长的学校就是好学校！

最后，我还有一个私人备份的温馨提醒，也可供家长和孩子们参考：

（1）独立性强、喜欢住宿生活、渴望远离父母的孩子，那就选择离家较远的学校。借此机会培养自己独立生活的各种能力也是一件很不错的事情。

（2）抗拒住宿生活、不想离父母太远、喜欢家的味道的孩子，那就找一个离家较近的学校。我个人很不喜欢初高中阶段的住宿生活，寝室里的伙伴来自不同的家庭，性格迥异，心智不成熟，生活习惯也存在差异，相处起来并非像书上所写的那般美好。我之前带高中时，处理寝室里的问题比处理教室里的问题多得多。

（3）成绩优异、个性强势、内心强大、越挫越勇、情感独立、身体健康、自我激励和修复能力都很强的孩子，那就选报录取分数线高的学校，宁做凤尾，不做鸡头。

（4）成绩尚可，但不够突出，且个性软弱、信心不足、不善自我激励的孩子，那就留守本部高中，宁做鸡头，不做凤尾，还能得到更多、更好的教育资源。

（5）刚好踩点学校录取分数线的孩子，如果那个学校是自己心心念念的，可以放到第一志愿冲一冲，理想还是要有，万一实现了呢？但一定要有保底的学校。

还有一点要特别提醒，判断一个学校的质量，不是听社会上的传言，而是要看这个学校的高一进口成绩与高三出口成绩。那些所谓的名校，掐的是全市的尖子生，高考成绩当然亮眼。但是也有很多学校，高一新生成绩整体不佳，但经过三年培养，高考成绩进步非常显著，就不能说这样的学校不好。

27. 考试期间，父母需要为孩子做些什么

每一届学生参加中考或者高考，无论老师怎么叮嘱，都会出现一些令人遗憾的事。比如考生迟到，在去考场的路上出了意外，突发急性肠胃炎，准考证掉了，发挥失常，等等。这些事故当然会影响到考生的成绩，有些孩子还因此丧失了升学的机会。

我的初中某同学，成绩与我不相上下。他在考数学的当天，不知为何犯了个致命的错误，竟然漏做了一个页面的试题，损失惨重。数学本来是他的强势学科，出了这么大的纰漏，自然影响了他的心情，后面几个学科全考砸了。他本来可以通过自己的实力考上高中，改变命运，却因考试失误与升学擦肩而过。

现在回看他的人生，一路走来甚是艰苦。他是万千农民工中的一员，每天都在为生计奔波。50岁的男人，没有一套像样的房子，没有单位给他买养老保险，家中也没有存款。我问他为何混成这样？他说：这些年也挣了些钱，但也仅够一家大小的日常开支，也就是挣多少花多少，没有钱存下来。

有些失误一旦造成，改变的就是人生轨迹。这个轨迹最终会走成什么样，得由行走的人决定。可能一生平庸，也可能一世繁华。但我始终认为，一个连人生大考都会失误的人，逆风翻盘的机会是很小的。

父母是孩子生命中的重要他人，所以，孩子在参加人生的第一次大考时，必须义无反顾地帮助孩子顺利走过。那么，孩子在考试期间，父母究竟怎么做才能成为孩子的神助攻呢？

（1）营造和谐、愉快、轻松的家庭氛围。在考试前一个月，父母就应该

处理好自己的情绪。不吵架，不因为小事争辩，不沉迷短视频，不迷恋广场舞，也不要外出打麻将。总之，给自己的家庭营造出温馨、舒适的生活氛围。孩子在这样的家庭氛围里，内心就很安定、踏实，考试也不会慌乱。

（2）不给孩子施加压力。不管孩子在备考阶段努力还是不努力，到了最后几天都不要再强调结果，而是心平气和地告诉孩子：如果说学习需要努力，那么考试就需要运气，努力的人运气都不错，所以，咱们把一切交给运气，不要想太多。另外，还要告诉孩子，父母接受孩子考出的任何结果。考好了，父母为孩子点赞；没考好，父母给予孩子支持。父母不施加压力，孩子的情绪就比较稳定，心态也很平和。我每一届学生参加中考，都有学生考出三年以来最好的成绩，就是因为这些学生生活在一个稳定、幸福的家庭里。这些孩子的父母很认可我的考前建议，由此把自己修成了一个合格的心灵按摩师，把孩子的心灵养护得非常健康。

（3）为孩子做好后勤保障工作。打仗讲究"兵马未动，粮草先行"，中高考也是孩子成长过程中必须经历的一场没有硝烟的战争。所以，父母也要为孩子准备足够的"粮草"。

父母务必要在考试前确认考场在哪里，距离自己的家有多远，是否方便前往，前去考场的途中是否有障碍……搞清这些问题的目的是规避迟到，规避不确定性，规避突发而至的伤害。

我儿子高考时，考场设在距离我家 7 公里的学校，学校租了大巴统一接送，但那条必经之路很狭窄，容易拥堵。我怕孩子休息不好或者出现不可控的问题，就在考场旁边的酒店为孩子订了房间，走路 3 分钟就到考场。为了不在路上出状况，即使走路只需 3 分钟，也由他爸爸亲自护送。

他中考的考场就在我任职的学校，距离我家只有 5 分钟路程。他每场考试都是由我这个妈妈亲自送进学校交给他的带队老师。离开前，我还会给他一个拥抱，拍拍他的肩膀，说一声：母爱的力量是无穷的，加油！儿子在考场奋笔疾书，我在办公室耐心等待。考试结束，我牵着儿子的手一起回家。回到家，他爸爸已把美食摆上桌。我们不谈考得如何，只说考试已结束，一切已成既定事实，考试辛苦了，赶紧吃点好吃的，然后美美地睡个觉。

孩子睡觉时，父母要检查他屋子里的空调温度。空调温度最好设在

26~27摄氏度，风不可直接吹在孩子身上。睡觉时，父母一定要设置好闹钟，准时叫醒孩子。千万别心大，以为设置闹钟就不管了，万一孩子没听到呢？我儿子不论是中考还是高考，中午我都没睡觉，就怕自己也睡着了，造成孩子迟到，损失就大了。什么时间到考场比较合适呢？一般来说，提前30分钟到考场比较合适。父母要事先计算好休息之地到考场所需的时间，如果路途较远，且开车前往，一定要考虑到路上的不确定性因素，预留10分钟以防万一。

（4）帮助孩子做好检查工作。每一年中高考都会出现准考证不见了、身份证忘家里了、笔芯没墨水了等情况。出现这样的情况，会不会取消孩子的考试资格？当然不会。但会对孩子的心情造成影响，进而影响到考试的发挥。为规避这些不必要的麻烦，家长一定要帮助孩子做好检查工作。

有些人可能会抬杠，那么大的孩子，还要家长帮他们检查考试文具吗？这么大的孩子，当然会检查自己的考试文具，但如果父母能参与进来，是不是能体现父母对孩子的关心呢？我们常说要爱孩子，只用嘴巴说有何用？用行动表达，更能让孩子感受到被爱。每周一早晨的升旗仪式，总有一些孩子（主要是男孩）穿出来的礼服要么领子卷了，要么扣子错位了，很多老师就用嘴巴提醒一句：喂，衣领卷了，理顺啊。这么大人了，一点不讲究。我则闭口不言，走到孩子身旁，伸手帮孩子把衣领理好，把扣子扣好，拍拍孩子肩膀，对他温和一笑，转身离开了。我的一些同事总爱问我：为什么那些叛逆的男孩在你面前就不叛逆呢？大家看我给孩子理衣领、扣纽扣这些细节就知道了——孩子们会不会理衣领？会不会扣纽扣？当然会啊。但是，我的宠溺动作表明什么？表明无声的爱啊！谁会抗拒爱呢？

那么，考试文具有哪些呢？在此，我帮各位家长朋友列了一个清单，供大家参考：

（1）透明文具袋1个。

（2）2B铅笔2支（削好备用），或机读卡笔2支。

（3）0.5mm黑色墨水签字笔3~5根，备用芯4根。

（4）橡皮1块。

（5）垫板1个。

（6）圆规1个。

（7）尺子1套，量角器，直角三角尺，钝角三角尺，直尺。

特别提醒：身份证和准考证必须带！切记！

除此之外，还可以带这些东西入场：

（1）白开水1瓶，瓶子必须透明。如果是矿泉水，必须将瓶身上的贴纸撕掉。

（2）湿纸巾1包（每个考场都备有干纸巾）。

（3）风油精或清凉油1瓶。

（4）巧克力两三块，考试前可以吃一块，不要在考试过程中吃东西。

那么，哪些东西不可以带进考试呢？家长朋友们可要记好了：

（1）手机绝不可以带进考场，如在考试过程中查获，以作弊论处。

（2）电子表也不要带进考场，每个考场都有挂钟，考前各考点就把挂钟调好了，很准确。再说考场还有广播会通知考试时间。

（3）考试资料以及草稿纸都不要夹带进考场，如果在考试过程中被发现，也会以作弊论处。

我把这些信息告诉各位家长朋友，无非是想让父母能及时准确地参与到孩子的考前准备中去，让他们充分感受到：这场仗，不是我一个人在打，我有一支强大的援军。这样一来，孩子的心就能生出定见，定则生慧。

最后，我还要提醒各位家长朋友：平时穿什么，考试期间就穿什么；平时吃什么，考试期间就吃什么。千万不要别出心裁，让孩子无所适从。

亲爱的家长朋友，你们都准备好了吗？准备好了，那就把一切交给运气吧！祝你好运！